植物、動物、フルーツ、スイーツ…。
暮らしのなかで出会うお気に入りのものたちに
14の色をまとわせました。
さらに、それらの色には微妙な濃淡が見せる豊かな表情が。
本書では、刺繍とともに
奥深い色の世界を楽しめるよう、色の呼び名も紹介しています。

インテリアにもなるパネルや刺繍枠には
色を感じる作品名をつけました。
巾着、手提げ、クッション、ペンケースなどには
それぞれの小物に込めたメッセージを添えています。

登場する作品は、48。
刺繍糸だからかなう、美しいさまざまな色を堪能してください。

yula

もくじ

作品 / 図案・型紙 / 作り方ページ

【 赤 】
red

祝福のルージュ　　　p.8 / p.66

手提げバッグ　　　　p.9 / p.67 / p.60-61

ガーネットのブーケ　p.10 / p.68

スクエア小物ケース　p.11 / p.69 / p.120

【 オレンジ 】
orange

マリーゴールドの花畑　p.12 / p.70-71

キャロットオレンジ　　p.13 / p.72

【 黄 】
yellow

ミモザの贈りもの　p.14 / p.73

フラワーシャワー　p.15 / p.74

東風吹く春の野　　p.16 / p.75

ミニクッション　　p.17 / p.76 / p.64

【 黄緑 】
light green

抹茶カフェ　　　　p.18 / p.77

癒やしのグリーン　p.19 / p.78

作品 / 図案・型紙 / 作り方ページ

【 緑 】
green

翠色のガーデン	p.20 / p.80-81	
フラット巾着	p.21 / p.79 / p.62-63	
万緑の季節	p.22 / p.82	
レジ袋ストッカー	p.23 / p.83 / p.121	

【 水色 】
light blue

ガゼット巾着	p.24 / p.84 / p.63
フラット巾着	p.25 / p.85 / p.62-63

【 青 】
blue

ブルーリボン	p.26 / p.86
インディゴブルーの装い	p.27 / p.87
眠れぬ森の小鳥	p.28 / p.88
手提げバッグ	p.29 / p.89 / p.60-61

【 淡ピンク 】
light pink

桜色の初恋	p.30 / p.90
レターポーチ	p.31 / p.91 / p.122-123
虹色カップケーキ	p.32 / p.94
イチゴビュッフェ	p.33 / p.92-93

作品 / 図案・型紙 / 作り方ページ

【 ピンク 】
pink

珊瑚色の渡り鳥　　　　　p.34 / p.96-97

薔薇色ウエディング　　　p.35 / p.95

【 茶色 】
brown

りすの宝もの　　　　　　p.36 / p.98

フラットポーチ　　　　　p.37 / p.99 / p.122-123

チョコレート色の森　　　p.38 / p.100

カップホルダー　　　　　p.39 / p.101 / p.122

【 白 】
white

練色の花園　　　　　　　p.40 / p.102

雪色うさぎ　　　　　　　p.41 / p.103

ミニポーチ　　　　　　　p.42 / p.104 / p.122-123

ミニバッグ　　　　　　　p.43 / p.105 / p.61

【 グレー 】
gray

錫色のヴィレッジ　　　　p.44 / p.106-107

ペンケース　　　　　　　p.45 / p.108 / p.122-124

藍鼠色のキッチン　　　　p.46 / p.109

ミニフレーム　　　　　　p.47 / p.110 / p.125

作品　/　図案・型紙　/　作り方ページ

【 黒 】
black

風薫る漆黒の時間	p.48	p.111
眼鏡ケース	p.49	p.112 / p.126
黒猫の輪舞	p.50	p.113
つぐみの冬支度	p.51	p.114

【 ミックス 】
mixed color

カラフル百花園	p.52	p.115
ヘアアクセサリー	p.53	p.116 / p.127
ギフトフォーユー	p.54	p.117
ありがとう	p.55	p.118-119

刺繍に使う材料・道具	56
ステッチの種類と刺し方	58
ステッチの表現／刺繍の基本	59
作り始める前に／基本の作り方	60
図案・型紙と各作品の作り方	65

STAFF
デザイン／野本奈保子（ノモグラム）
撮影／村尾香織
スタイリング／駒井京子
作り方イラスト／加藤麻依子（https://katomaiko.net）
校正／みね工房
編集協力／佐藤綾香（IG@ayaka000007j16）
編集担当／柳　緑（KADOKAWA）

撮影協力　AWABEES、UTUWA

＊素材に関するデータはすべて、2024年12月現在のものになります。
　糸など市販の商品は場合によって、今後、流通がなくなることがあります。
＊撮影の状況や印刷によって、刺繍の色が実物と多少異なる場合があります。
＊本書に掲載されている刺繍の図案は、個人で楽しむ目的のみにご使用ください。
　無断で刺繍図案や刺し方を公開したり、商用利用したりすることはできません。

参考文献
『色の名前と言葉の辞典888』桜井輝子監修（東京書籍）
『365日にっぽんのいろ図鑑』暦生活、高月美樹監修（玄光社）
『増補改訂版 色の名前事典519』福田邦夫、日本色彩研究所監修（主婦の友社）

color no.01　　red　　【 赤 】

red
祝福のルージュ

祝い事を象徴する鮮やかな色でご挨拶。ルージュは
フランス語で赤の意味。幸せな日々を過ごせますように。

図案 ▶ p.66

red
手提げバッグ

鮮烈な赤いリネンと白糸刺繍の色合わせが、幸を運びます。赤糸をアクセントに、正方形のバッグに仕立てました。

図案・型紙 ▶ p.67
作り方 ▶ p.60-61

（幸運を呼び込む花と鳥たち）

red
ガーネットのブーケ

ザクロの実のような濃い赤の布に、情熱の花束を。
眺めているだけで、パワーがもらえます。

図案 ▶ p.68

red
スクエア小物ケース

赤の色も多彩。色みも形も違う6種類の
花と小花、テントウムシをあしらいました。
見る角度でそれぞれの景色が楽しめます。

| 図案・型紙 ▶ p.69
| 作り方　　▶ p.120

（　いろいろな赤で手作りの時間　）

color no.02　orange　【 オレンジ 】

orange
マリーゴールドの花畑

立体的な花びらを、オレンジ色のグラデーションで表現。
マリーゴールドは花名であり、色名です。

図案 ▶ p.70-71

orange
キャロットオレンジ

栄養たっぷりのニンジンが主役の、収穫のブーケ。
白いニンジンの小花が愛らしく、利いています。

図案 ▶ p.72

color no.03　*yellow*　【 黄 】

yellow
ミモザの贈りもの

ポコポコと丸く、かわいらしいミモザの黄色。
春の訪れを告げる幸せの花に、感謝を込めて贈ります。

| 図案　▶　p.73

yellow

フラワーシャワー

穏やかな日差しに、メローイエロー（明るい黄）の
花が舞っています。ほっと心温まるワンシーン。

| 図案 ▶ p.74

yellow
東風吹く春の野

黄色いタンポポと蝶が戯れるうららかな風景。
そよそよと吹く春の風も心地いい。

| 図案 ▶ p.75

（日だまりでうとうと、お昼寝）

yellow
ミニクッション

パステルイエローのリネンに、Happyの文字を添えた小さなクッションカバー。素敵な夢が見られそう?!

| 図案・型紙 | ▶ p.76 |
| 作り方 | ▶ p.64 |

color no.04　**light green**　【黄緑】

light green
抹茶カフェ

ソフトクリームにロールケーキ、マカロン…。
抹茶尽くしのカフェへようこそ。おやつに召し上がれ。

| 図案　▶ p.77

light green

癒やしのグリーン

フレッシュハーブのスワッグを部屋に飾って。
心が落ち着く香りと色でリラックス。

図案 ▶ p.78

color no.05　　green　　【 緑 】

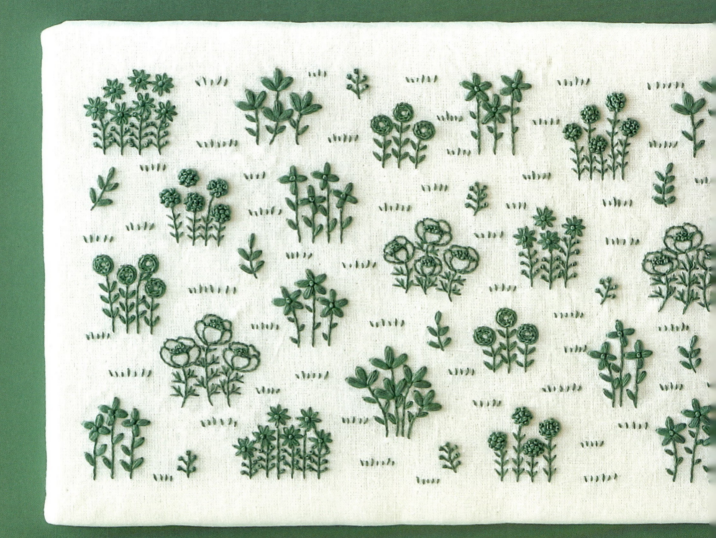

green
翠色のガーデン

植物から写し取ったような鮮やかな緑の色。
いろいろな花を集め、この色でつなげました。

図案 ▶ p.80-81

green
フラット巾着

翠色のリネンに、ガーデンを描きました。白1色でも糸の本数で立体感が生まれます。公園へのお散歩に持って行きたい。

図案・型紙 ▶ p.79
作り方　　▶ p.62-63

（おやつを詰めてピクニックへ）

green

万緑の季節

夏、みずみずしいグリーンが織りなす庭。
さまざまな緑色が広がる様をスケッチして、輪の形に。

図案 ▶ p.82

green

レジ袋ストッカー

再利用するレジ袋は、たたんでこのストッカーに入れておくとスマート。キッチンの壁に掛けて、使うたびに癒やされて。

| 図案・型紙 | ▶ p.83 |
| 作り方 | ▶ p.121 |

（壁に庭の景色を映して）

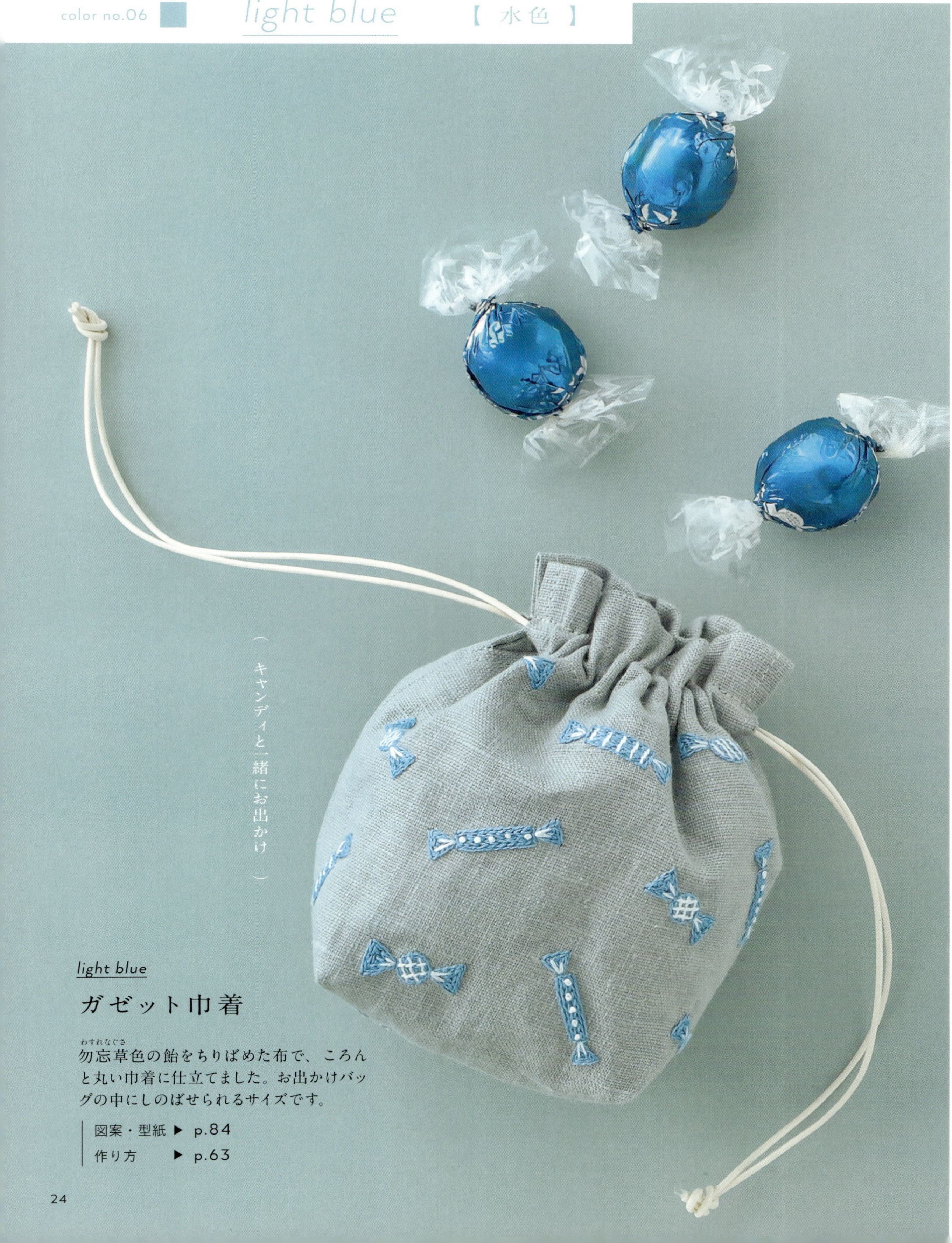

color no.06　light blue　【 水色 】

（ キャンディと一緒にお出かけ ）

light blue
ガゼット巾着

勿忘草色の飴をちりばめた布で、ころんと丸い巾着に仕立てました。お出かけバッグの中にしのばせられるサイズです。

図案・型紙 ▶ p.84
作り方　　▶ p.63

(チョコミント好き、集まれー)

light blue
フラット巾着

甘いチョコレートとミントの爽快感が大人気の味をモチーフに。形が違う、3つのアイスクリームを味わって。

| 図案・型紙 ▶ p.85
| 作り方　　▶ p.62-63

color no.07　■　 _blue_ 　　【 青 】

blue
ブルーリボン

色も柄も結び方も、さまざまな青のリボンたち。
それぞれ印象が違います。好きなものはどれですか。

| 図案 ▶ p.86

blue
インディゴブルーの装い

お気に入りの洋服と小物を集めました。
ジーンズに合わせて、すべてブルーでコーディネート。

| 図案 ▶ p.87

blue

眠れぬ森の小鳥

花が咲き、葉が揺れる樹々。羽ばたく小鳥たち。
森の奥深くの様子を、ミッドナイトブルーと白で表現。

| 図案 ▶ p.88

blue
手提げバッグ

白いシャツやワンピースに合わせたい。涼しげな刺繍は、水辺の風景です。ロイヤルブルーの糸で刺しました。

| 図案・型紙 | ▶ p.89 |
| 作り方 | ▶ p.60-61 |

（夏の日のお散歩のお供です）

color no.08　　*light pink*　【 淡ピンク 】

light pink
桜色の初恋

あの頃の初々しい気持ちは、やさしいピンクの色のよう。
花が咲き乱れる楽園を恋の色に染めて。

| 図案 ▶ p.90

light pink
レターポーチ

一重梅色（柔らかいピンク）のフラットな
ポーチ。レターケース型は縫う箇所が少
ないので、仕立てやすいアイテムです。

| 図案・型紙 | ▶ p.91 |
| 作り方 | ▶ p.122-123 |

(カードに小物…何を入れよう)

light pink

虹色カップケーキ

ショーケースに並ぶストロベリー、ラズベリー、
チェリーのケーキたち。虹色は和の色名でピンクのこと。

| 図案 ▶ p.94

light pink
イチゴビュッフェ

甘酸っぱい香りに包まれて。チョコやホワイトチョコを
かけたものに、そのままのもの。さあ、どれから食べる?

| 図案 ▶ p.92-93

color no.09　*pink*　【 ピンク 】

pink
珊瑚色の渡り鳥

鳥たちが今年もやってきました。コーラルピンクをまとって、花咲く喜びの季節を過ごします。

図案 ▶ p.96-97

pink
薔薇色ウエディング

幸せ色の花と鳥が、新たな門出を迎えるふたりに
希望に満ちた未来を運びます。おめでとう！

| 図案 ▶ p.95

color no.10 　　　　brown　　　　【茶色】

brown
りすの宝もの

落ち葉が舞う季節になりました。森では、りすたちが
大好物の実を探しています。いくつ集められるかな。

図案 ▶ p.98

brown
フラットポーチ

左ページのモチーフをイメージ一新。グレージュの色をベースに煤竹色(暗い茶褐色)をのせれば、大人の雰囲気に。

| 図案・型紙 | ▶ p.99 |
| 作り方 | ▶ p.122-123 |

（秋だね。どんぐり大好き。）

brown
チョコレート色の森

どんどん寒さが深まる針葉樹の森に、静けさが訪れました。
木々の形の多彩さにも注目です。

| 図案 ▶ p.100

brown
カップホルダー

ドリンクのテイクアウトに、お役立ちです。持ち手がついているのも嬉しい。焦げ茶色の並木道の柄は心を落ち着かせてくれます。

図案・型紙 ▶ p.101
作り方　　 ▶ p.122

（ホットコーヒーをお持ち帰り）

color no.11　　*white*　　【白】

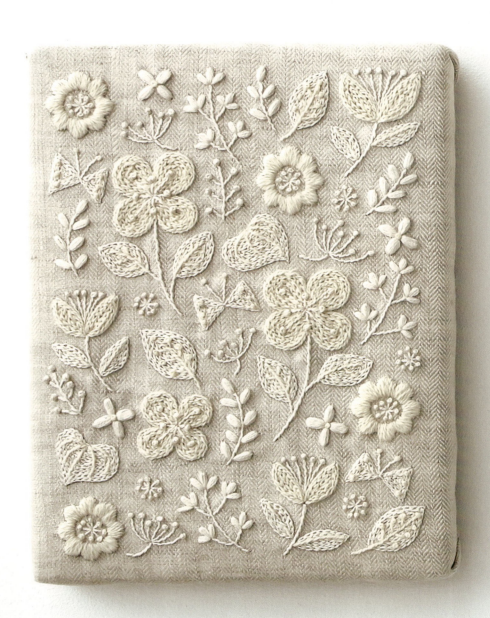

white
練色の花園

黄みがかった柔らかな白。平安時代からある色名です。
その色を、ウールの糸で描いた花々が魅せます。

図案 ▶ p.102

white

雪色うさぎ

ふかふかして柔らかな雪が積もりました。
真っ白なうさぎたちが、嬉しそうに跳ねまわっています。

| 図案 ▶ p.103

white
ミニポーチ

手のひらサイズで、上品な印象のポーチ
です。ワンポイント刺繡には、真珠色の
小花をまとめたブーケを。

| 図案・型紙 | ▶ p.104 |
| 作り方 | ▶ p.122-123 |

（　アクセサリーを忍ばせて　）

white
ミニバッグ

ミニポーチとお揃いで持ちたい。パールホワイトの花束を総柄仕立てで、バッグに綴りました。ドレスアップした日に。

図案・型紙	▶ p.105
作り方	▶ p.61

（ 特別な日はこれで決まり！ ）

color no.12　　　gray　　【 グレー 】

gray
錫色のヴィレッジ

動植物と一緒に過ごす、穏やかな村の暮らし。
その様子を明るいグレーで、地図に落とし込みました。

| 図案　▶　p.106-107

（羊たちの行進がかわいい）

gray

ペンケース

ウールの刺繍糸で表した羊の毛並みと、ベルトに刺した柵がポイントです。やや青みがかったフォググレーの色で。

図案・型紙	▶ p.108
作り方	▶ p.122-124

45

gray
藍鼠色のキッチン

洗練されたおしゃれなキッチンは、シンプルにモノトーンで。
青みのあるグレーを主役にして揃えました。

| 図案 ▶ p.109

(料理の時間が楽しくなります)

gray
ミニフレーム

キッチンのモチーフを1つずつ、ミニフレームに。後ろに金具をつけて、マグネットやブローチにしても。

図案・型紙	▶ p.110
作り方	▶ p.125

color no.13 ■ *black* 　【 黒 】

black
風薫る漆黒の時間

夜更けに庭に出ると、風にのって、バラの馥郁たる香りが。
暗いなか、よりいっそう強く感じられます。

| 図案 ▶ p.111

black

眼鏡ケース

刺繍したあと、布にキルト芯を貼ってクッション性のあるケースに。眼鏡が休む場所だから、ふかふかに仕上げます。

| 図案・型紙 ▶ p.112
| 作り方　　 ▶ p.126

（お疲れさま。おやすみなさい）

black

黒猫の輪舞(ロンド)

輪になって、猫たちが歌い踊っています。黒猫は古来、
福猫とも言われ、幸運を呼ぶとされていました。

| 図案 ▶ p.113

black

つぐみの冬支度

熟した赤い実をついばみ、巣へと運んで。
秋に渡ってきたつぐみの、厳しい冬に備えた準備です。

| 図案　▶ p.114

color no.14　mixed color 【 ミックス 】

mixed color
カラフル百花園

四季折々、色とりどりの花が咲き誇る夢の花園。
その美しい花々を、まあるくつないでリースに。

| 図案 ▶ p.115

(晴れの席。髪に花を咲かせて)

mixed color

ヘアアクセサリー

白またはピンクのワンピースにぴったり。
左ページの図案をリボンに仕立てました。
金具を変えれば、ブローチにも。

| 図案・型紙 | ▶ p.116 |
| 作り方 | ▶ p.127 |

mixed color

ギフトフォーユー

大きさも形も包み方もいろいろなプレゼントが大集合！
何が入っているのかは、開けてからのお楽しみ。

| 図案 ▶ p.117

mixed color

ありがとう

言葉では言い尽くせないほどの感謝。その気持ちを、
さまざまなやさしく明るい色に託しました。

図案 ▶ p.118-119

刺繍に使う材料・道具

A
トレース台、セロファン紙、
刺繍用転写紙

図案や型紙の線を写すのに使う道具。布地の上に複写紙、図案、セロファン紙の順に重ねて、トレーサーなどで線をなぞって写します。

B
トレーサー、チャコペン、
粉チャコ

図案の線を写すときはトレーサーで、型紙の線を写すときは自然に消えるチャコペン、型紙の出来上がり線をなぞるときは粉チャコを使います。

C
カッティングマット

図案や型紙を写したり、切ったりするときに使用。布や接着芯の角をマットのマス目に合わせると位置や四角の形を正確に整えることができます。

D
接着芯、伸び止めテープ、
キルト芯

接着芯は薄地タイプを使用。刺繍前の布や持ち手のパーツの裏側に貼ります。0.9cm幅の伸び止めテープとキルト芯は、刺繍後の布地に貼ります。

E
刺繍枠、刺繍針

接着芯を貼った布がたるまないように、刺繍枠でピンと張って刺します。刺繍針は通す糸の本数によって、No.3、No.5、No.7を使い分けます。

F
布地（リネン、シーチング）

目が詰まっていて適度な厚みがあるリネンの布地を、刺繍布（表布）として使っています。薄くて柔らかいシーチングは裏布として。

G
刺繍糸
（25番、ECO VITA）

本書ではDMCの25番刺繍糸と、ECO VITA（エコヴィータ：ウール刺繍糸）を使っています。ECO VITAは1本取りで、No.3の針を使います。

H
糸通し

引き揃えた刺繍糸を、刺繍針に通すときに使うと便利。縫い針にも同様に使います。

I
はさみ（布用、糸用、紙用）、
目打ち

布用の裁ちばさみ、糸切りばさみ、紙切りばさみと、切れ味がよいものを用途ごとに用意。目打ちは作品の角を出したり糸をほどいたりするときに。

J
マチ針、布用クリップ

布地に線を写すときに図案が動かないように固定したり、仕立て物を縫うときに布地同士を仮留めしたりするときに使います。

K
しつけ糸

図案や型紙の線を写すときに、ざっくりとしつけ糸で縫い留めておくと便利。縫い合わせるときの仮留めにも使えます。

ステッチの種類と刺し方

本書の作品で使用しているステッチの種類と刺し方を紹介します。
針目の長さを一定に刺すときれいに仕上がります。

＊ステッチ名の（ ）内の英字は、本書で使用している略記号です。

○ ストレートステッチ（ST）

○ ランニングステッチ（R）

○ バックステッチ

○ フレンチノットステッチ（FR）

○ アウトラインステッチ（O）

○ レゼーデージーステッチ（L）

 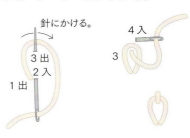

○ チェーンステッチ（C）

○ サテンステッチ（SA）

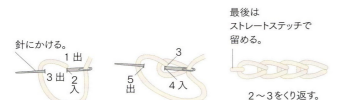 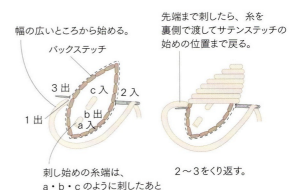

○ フィッシュボーンステッチ（FI）

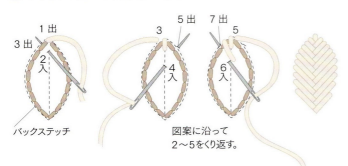

ステッチの表現

2つのステッチを組み合わせて表現する方法を紹介します。
＊ステッチは st. もしくは省略しています。

○ レゼーデージー ＋ ストレート st.

＊糸をしごいておくと、
ふっくらとした形になります

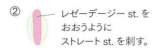

レゼーデージー st. を
おおうように
ストレート st. を刺す。

○ 花びらの刺し方

①ガイドライン
を入れる。

②サテン st. で
1から外側に
向かって刺していく。

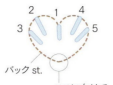
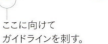

バック st.

ここに向けて
ガイドラインを刺す。

③内側にも
ガイドラインを
入れる。

④ストレート st. を
長短ジグザグに
刺す。

刺繍の基本

本書では基本的に、布の裏側に接着芯を貼ってから刺繍しています。
ここでは、小物に仕立てる場合の刺繍布の下準備を解説します。

1. 図案を紙に写す。

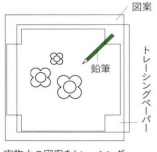

実物大の図案をトレーシングペーパーに写す（コピーでも可）。

2. 布を粗裁ちする。

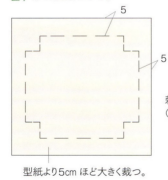

型紙より5cmほど大きく裁つ。

3. 接着芯を貼る。

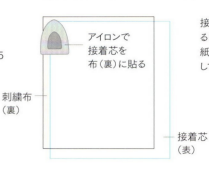

アイロンで接着芯を布（裏）に貼る

4. しつけをする。

接着芯がはがれてくることもあるので、型紙の線で粗くしつけをして仮留めしておく。

5. 布（表）に図案・型紙を写す。

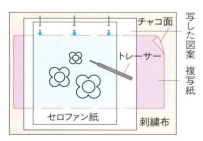

刺繍する布、複写紙（チャコペーパー）、1の図案、セロファン紙の順に重ね、ずれないようにマチ針で留めて、トレーサーで図案をなぞる。

6. 布（表）に刺繍する。

7. 水通しする。

チャコのあとを消すため、霧吹きでたっぷりの水をかけ（もしくは水につけて）布の裏側からアイロンをかける。

8. 布を裁つ。

改めて型紙の線を写し、布を裁つ。
不要部分の接着芯をカットする。

作り始める前に

- 作り方は刺繍済みの状態から解説します。
- 材料の布地は、刺繍前の状態で余裕をもたせたサイズです。
- 裁ち合わせ図で示している「表布」「裏布」の寸法は、縫い合わせるときのサイズです。
- 接着芯や伸び止めテープ、ロック始末（ジグザグ始末）は、縫い始める前の下準備として行います。
- 刺繍が終わったあと、布の裏側に貼った接着芯の不要な部分（刺繍がない部分）は、はさみでカットします。
- 数字の単位は、特に指定がない場合「cm」です。
- 指定のない縫い代は1cmです。
- 裏布（内布）は1.2cm幅（縫い代は1cm）で縫い合わせます。

基本の作り方

手提げバッグ
red / blue

作品 … p.9、29
図案・型紙 … p.67、89
仕上がりサイズ … 縦20 × 横20cm

材料　*red / blue*

表布／リネン（赤／白）… 各縦45 × 横60cm
裏布／シーチング（生成り）… 各縦25 × 横50cm
接着芯（薄地用）… 各縦45 × 横40cm

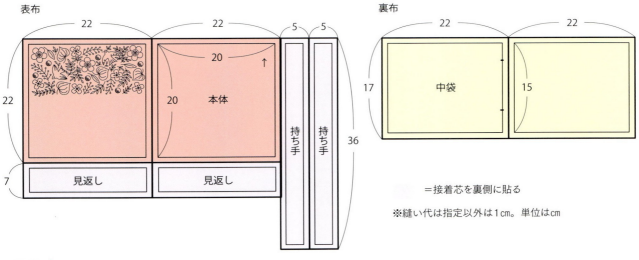

＝接着芯を裏側に貼る

※縫い代は指定以外は1cm。単位はcm

作り方

1. 各パーツを指定のサイズで裁つ。

2. 持ち手を作る。

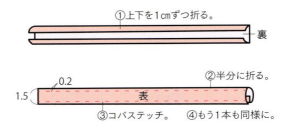

3. 中袋と見返しを縫い合わせる。

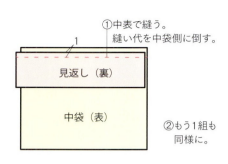

①中表で縫う。
縫い代を中袋側に倒す。

②もう1組も同様に。

4. 底と脇を縫う。

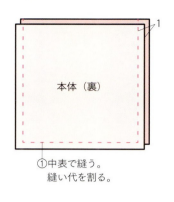

①中表で縫う。
縫い代を割る。

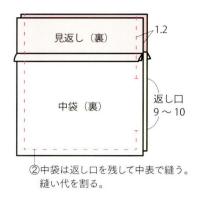

返し口 9〜10

②中袋は返し口を残して中表で縫う。
縫い代を割る。

5. 本体に持ち手を仮留めする。

②反対側も同様に。

①持ち手つけ位置に仮留め。

6. 袋口を縫い合わせる。

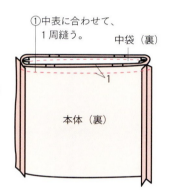

①中表に合わせて、1周縫う。

7. 表に返して返し口を閉じる。

①表に返して、コバステッチで縫い閉じる。

ミニバッグ
white

作品 … p.43
図案・型紙 … p.105
仕上がりサイズ … 縦20×横17cm

材料

表布／リネン（生成り）… 縦40×横55cm
裏布／シーチング（生成り）… 縦25×横45cm
接着芯（薄地用）… 縦40×横35cm

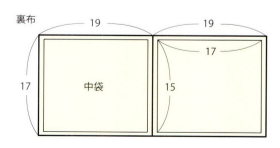

作り方

p.60のミニバッグ（red/blue）と同じ。

フラット巾着
green / light blue

作品 … p.21、25
図案・型紙 … p.79、85
仕上がりサイズ … 縦25×横18cm

材料　*green / light blue*

表布／リネン（緑／空色）… 各縦40×横45cm
裏布／シーチング（生成り）… 各縦25×横45cm
接着芯（薄地用）… 各縦35×横25cm
紐／2mm丸レザー紐（白）… 各60cm×2本

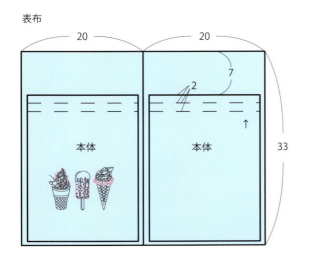

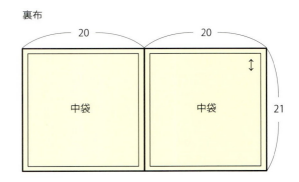

作り方

1. 各パーツを指定のサイズで裁つ。

2. 本体と中袋の口を縫い合わせる。

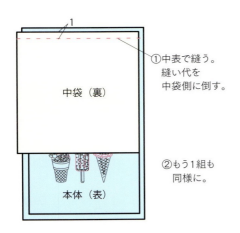

①中表で縫う。縫い代を中袋側に倒す。
②もう1組も同様に。

3. 底と脇を縫う。

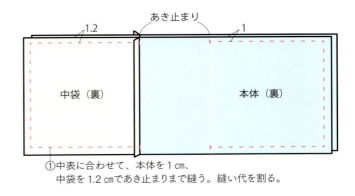

①中表に合わせて、本体を1cm、中袋を1.2cmであき止まりまで縫う。縫い代を割る。

4. あき口を縫う。

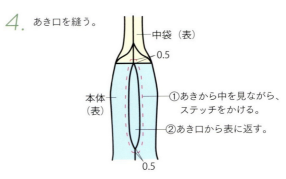

①あきから中を見ながら、ステッチをかける。
②あき口から表に返す。

5. 紐通し口を作る。

①袋口をアイロンで整える。

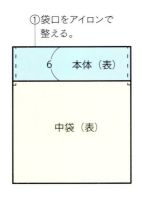

③反対側も同様に。
②ステッチを2本かける。

6. 紐を通す。

①紐を通し、端をかた結びする。
②もう1本は反対側から通して結ぶ。

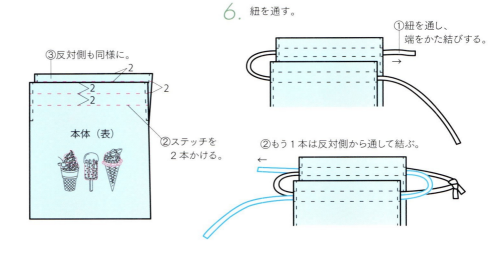

ガゼット巾着
light blue

作品 … p.24
図案・型紙 … p.84
仕上がりサイズ … 縦13.5 × 横16 × マチ8cm

材料

表布／リネン（水色）… 縦30 × 横45cm
裏布／シーチング（生成り）… 縦25 × 横45cm
接着芯（薄地用）… 縦30 × 横45cm
紐／1mm丸レザー紐（白）… 50cm × 2本

表布

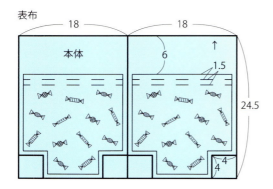

裏布

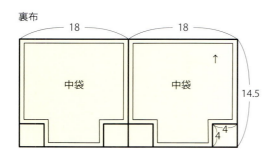

作り方

1. 各パーツを指定のサイズで裁つ。

2.3. p.62のフラット巾着と同じ。

4. マチを縫う。

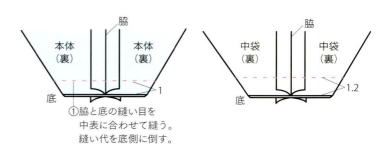

①脇と底の縫い目を中表に合わせて縫う。縫い代を底側に倒す。

5. あき口を縫う。

6. 袋口を5cmで折り、紐通し口を作る。

7. 紐を通す。

63

ミニクッション（カバー）
yellow

作品 … p.17
図案・型紙 … p.76
仕上がりサイズ … 縦20×横20cm

材料
表布／リネン（淡黄色）… 縦45×横50cm
接着芯（薄地用）… 縦40×横30cm
2.5cm幅面ファスナー（縫いつけ）… 15cm
ヌードクッション（約15cm）… 1個

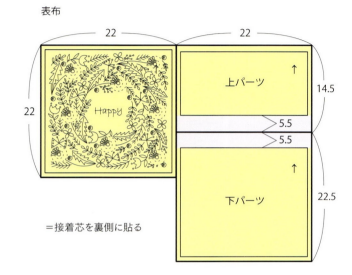

作り方

1. 各パーツを指定のサイズで裁つ。

2. 上下パーツに面ファスナーを縫いつける。

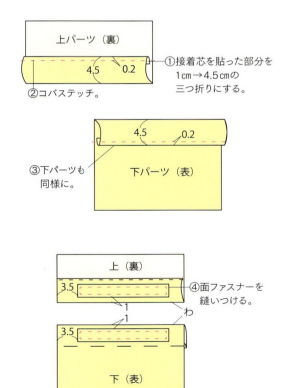

3. 本体と上下パーツを縫い合わせる。

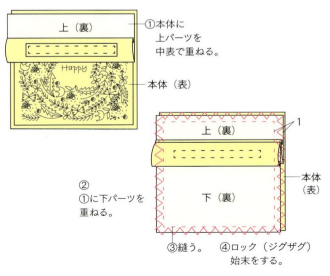

4. 表に返し、ヌードクッションを入れる。

How to make

図案・型紙と各作品の作り方

【ステッチ名の略記号一覧】

O＝アウトラインステッチ
SA＝サテンステッチ
ST＝ストレートステッチ
C＝チェーンステッチ
FI＝フィッシュボーンステッチ
FR＝フレンチノットステッチ
R＝ランニングステッチ
L＝レゼーデージーステッチ

＊作品の図案と仕立て物の型紙を、テーマカラー順に掲載しています。
＊一部の図案・型紙は、縮小しているものがあります。指定の倍率でコピーしてお使いください。実物大の図案・型紙をA4サイズに分割した
　PDFデータ（糸番号やステッチは省略）を、各ページの二次元コードまたはURLからダウンロードすることもできます。
＊2ページにまたがっている実物大図案は「十」を重ねて貼り合わせると、1枚の図案として使えます。
＊図案・型紙の「↑」は、図案の上方向（布目の方向）を示しています。

【図案の見方】

＊刺繍糸はDMCの25番刺繍糸とECO VITA（ウール刺繍糸）を使っています。
＊使用しているステッチは、「ステッチ名の略記号⓪＝糸の本数／2本取りの場合は省略・色番号」で示しています。
＊「ステッチ名の略記号③・000①＋XXX②」は、000の刺繍糸を1本と、XXXを2本合わせた計3本で、ステッチすることを表します。
＊刺していく順番は大きく、まず輪郭（バックステッチ）や葉の茎（アウトラインステッチ）を刺し、次に葉の枠（チェーンステッチ）などを刺します。
　その後、サテンステッチやチェーンステッチなどで面を埋め、最後にフレンチノットステッチを刺します。
＊刺繍のバランスを見て、隙間があいていたらステッチを追加していることもあります。逆に混んでいるようなら省いてもOK。
＊サテンステッチ、フィッシュボーンステッチの前に行う、バックステッチは省略しています。
＊「O＋C」は、輪郭をアウトラインステッチで刺し、内側をチェーンステッチで埋めます。
＊「L＋ST」はp.59のように、レゼーデージーステッチをおおうようにストレートステッチを刺します。

【仕立てについて】

＊仕立て物の作り方は、各作品の「作り方」として誘導しているページを参考にしてください。
＊作り方は刺繍済みの状態から解説しています。
＊材料の布地は、周囲にそれぞれ5cmの余裕をもたせています。
＊「表布」「裏布」で示しているサイズは、縫い合わせるときのサイズです。
＊接着芯や伸び止めテープ、ロック始末（ジグザグ始末）は、下準備として縫い始める前に行います。
＊作り方内の数字の単位は、特に指定がない場合「cm」です。
＊刺繍する布の裏側に貼った接着芯は、刺繍したあとに不要な部分をカットしています。
＊指定のない縫い代は1cmです。
＊内側にくるパーツを1.2cm幅（縫い代は1cm）で縫い合わせることで、表布よりもひと回り小さく仕上げ、もたつきを解消しています。

red
祝福のルージュ

| 作品 ▶ p.8

◎使用する糸番号
3831 / 3865

糸番号の指示がないところはすべて、3831
糸の本数の指定がないところは、2本取り

red

手提げバッグ

作品	▶ p.9
作り方	▶ p.60-61

◎使用する糸番号
3831 / 3866

https://kdq.jp/nive6

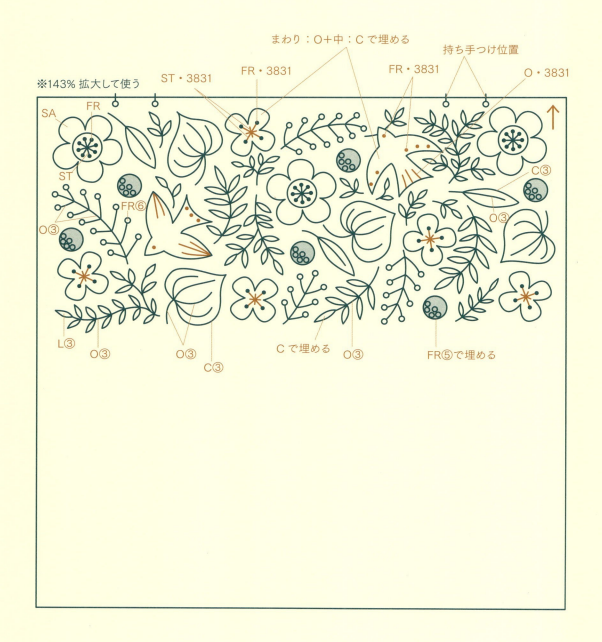

糸番号の指示がないところはすべて、3866
糸の本数の指定がないところは、2本取り

red
ガーネットのブーケ

| 作品 ▶ p.10

◎使用する糸番号
09 / 150 / 451 / 777 / 815 /
3685 / 3802 / 3860 / 3861

糸の本数の指定がないところは、2本取り

red
スクエア小物ケース

| 作品 ▶ p.11
| 作り方 ▶ p.120

◎使用する糸番号
163 / 304 / 309 / 310 / 498 / 522 / 561 / 746 / 760 /
989 / 3328 / 3347 / 3348 / 3364 / 3712 / 3823 / 3831

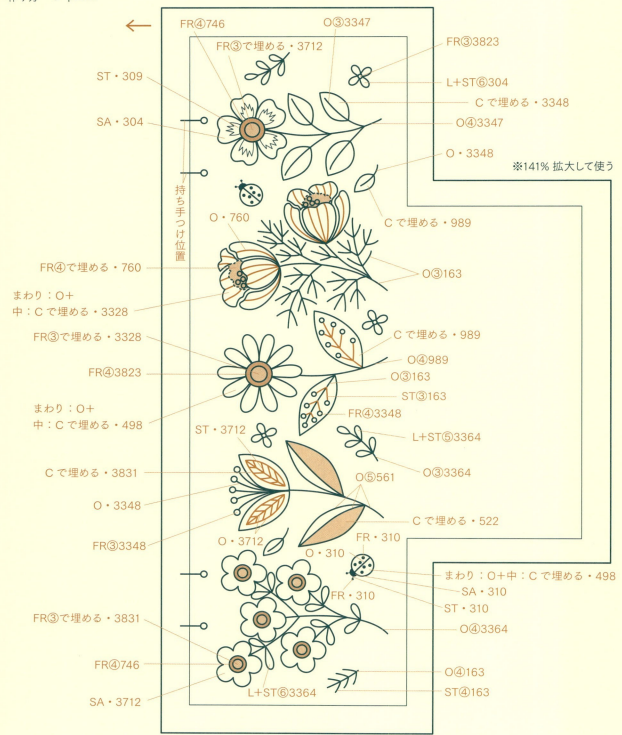

※141% 拡大して使う

糸の本数の指定がないところは、2本取り

orange

マリーゴールドの花畑

作品 ▶ p.12

糸の本数の指定がないところは、2本取り

orange

キャロットオレンジ

| 作品 ▶ p.13

◎使用する糸番号
19 / 320 / 352 / 435 / 524 / 561 / 738 / 745 / 922 / 989 / 3364 / 3823 / 3825 / 3853 / 3854 / 3865

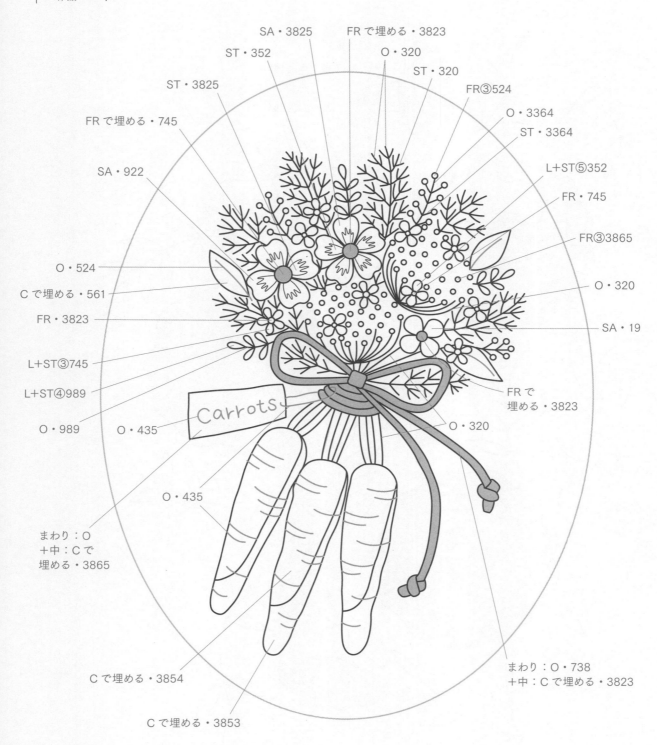

糸の本数の指定がないところは、2本取り

ミモザの贈りもの

yellow

| 作品 ▶ p.14

◎使用する糸番号
744 / 745 / 988 / 3348 / 3823

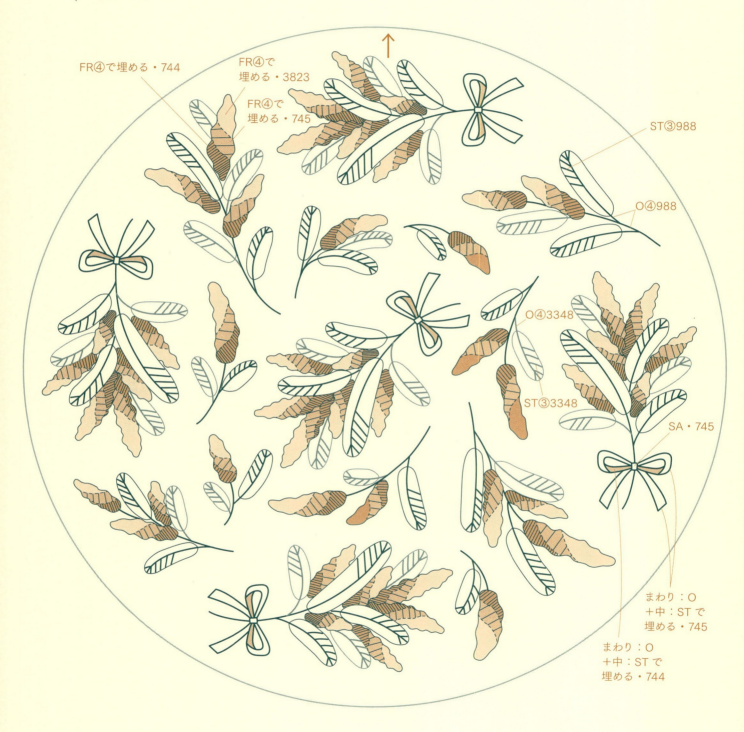

糸の本数の指定がないところは、2本取り

yellow

フラワーシャワー

作品 ▶ p.15

◎使用する糸番号
677 / 712 / 746 / 834 / 3013 / 3046 / 3047 / 3053 / 3864

糸の本数の指定がないところは、2本取り

yellow
東風吹く春の野

| 作品 ▶ p.16

◎使用する糸番号
745 / 3865

糸番号の指示がないところはすべて、745
糸の本数の指定がないところは、2本取り

yellow

ミニクッション

作品 ▶ p.17
作り方 ▶ p.64

◎使用する糸番号
745 / 3865

※143% 拡大して使う

まわり：O+中：C で埋める
C で埋める
FR⑤
O④
L+ST⑩
FR⑤
O③
FR④
O④
FR④で埋める
O④
L+ST⑥
L③
O④
FR⑤
FR④745
O③
FR③で埋める
O④
L+ST⑧
O④
L⑤
まわり：O+中：C で埋める

糸番号の指示がないところはすべて、3865
糸の本数の指定がないところは、2本取り

light green
抹茶カフェ

| 作品 ▶ p.18

◎使用する糸番号
ECRU / 167 / 471 / 738 / 839 /
989 / 3346 / 3347 / 3348 / 3862

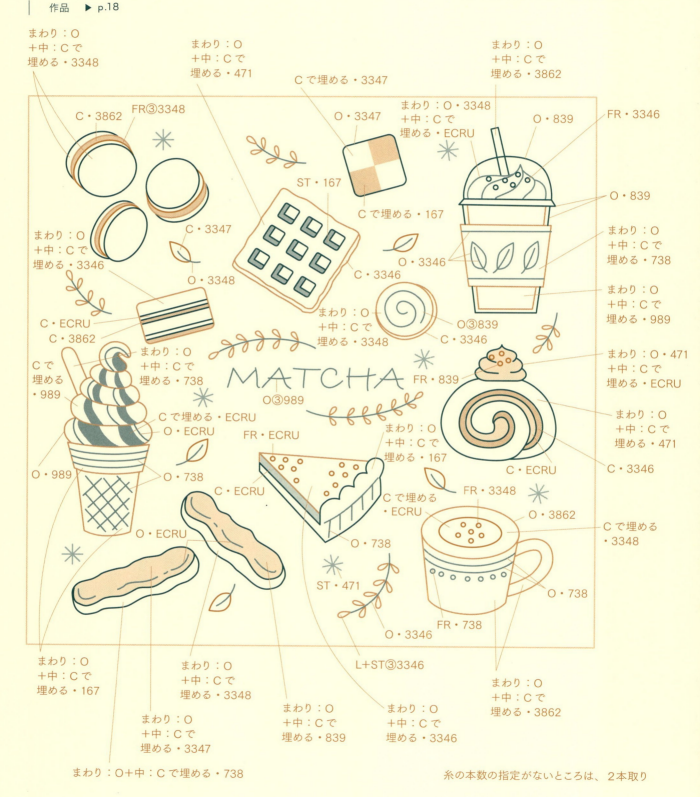

糸の本数の指定がないところは、2本取り

light green
癒やしのグリーン

| 作品 ▶ p.19

◎使用する糸番号
ECRU / 10 / 163 / 320 / 367 / 368 / 369 / 472 / 524 /
738 / 807 / 988 / 989 / 3348 / 3813 / 3828 / 3863

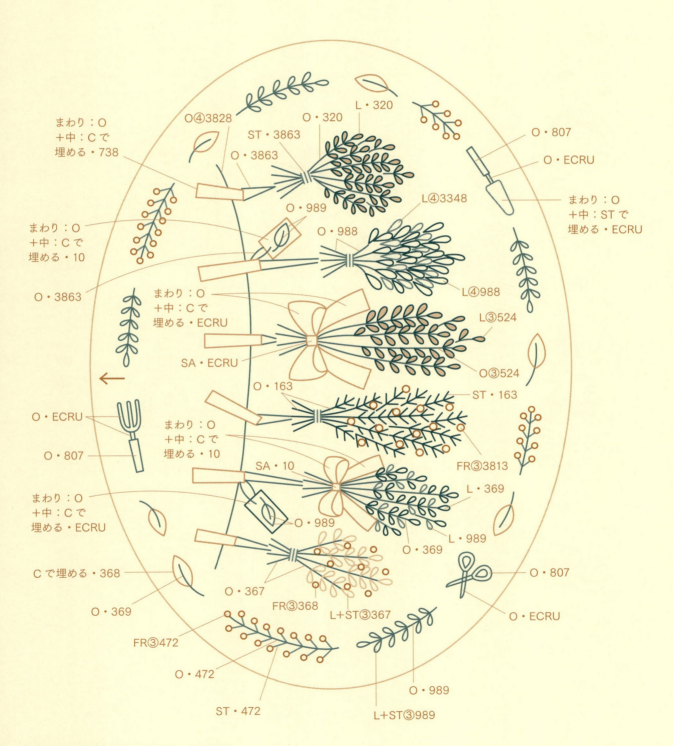

糸の本数の指定がないところは、2本取り

green

フラット巾着

| 作品 ▶ p.21
| 作り方 ▶ p.62-63

◎使用する糸番号
712

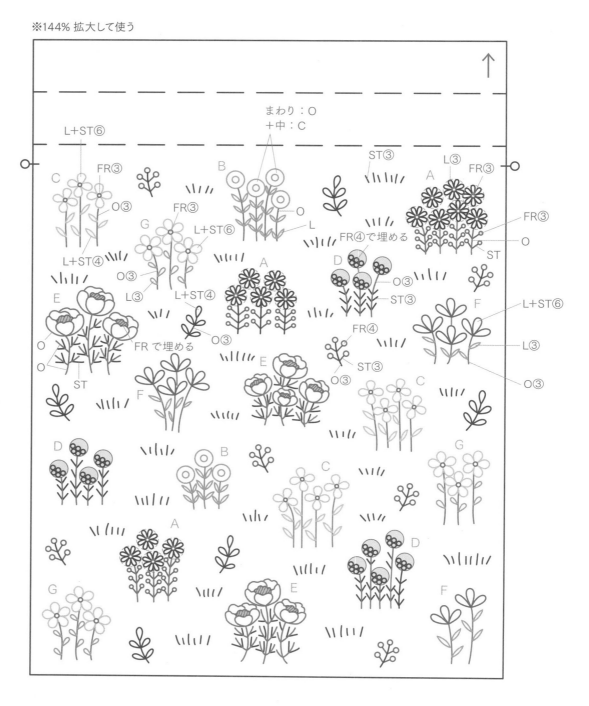

糸番号はすべて、712
糸の本数の指定がないところは、2本取り

green
翠色のガーデン

| 作品 ▶ p.20

糸番号はすべて、3815
糸の本数の指定がないところは、2本取り

◎使用する糸番号
3815

81

green

万緑の季節

| 作品 ▶ p.22

◎使用する糸番号
320 / 367 / 522 / 524 / 561 /
3013 / 3348 / 3813 / 3823

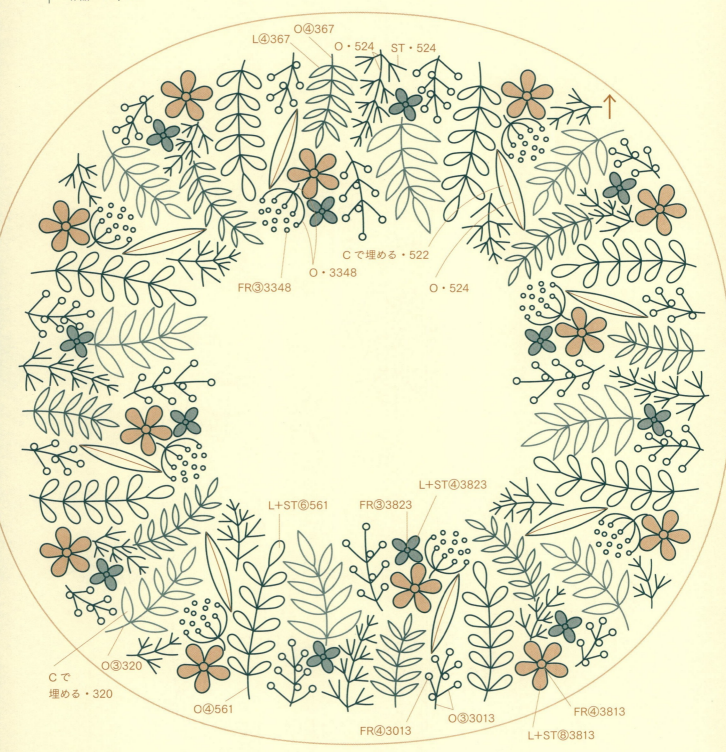

糸の本数の指定がないところは、2本取り

green

レジ袋ストッカー

作品	▶ p.23
作り方	▶ p.121

◎使用する糸番号
ECRU / 319 / 320 / 522 / 561 /
895 / 3013 / 3047 / 3052

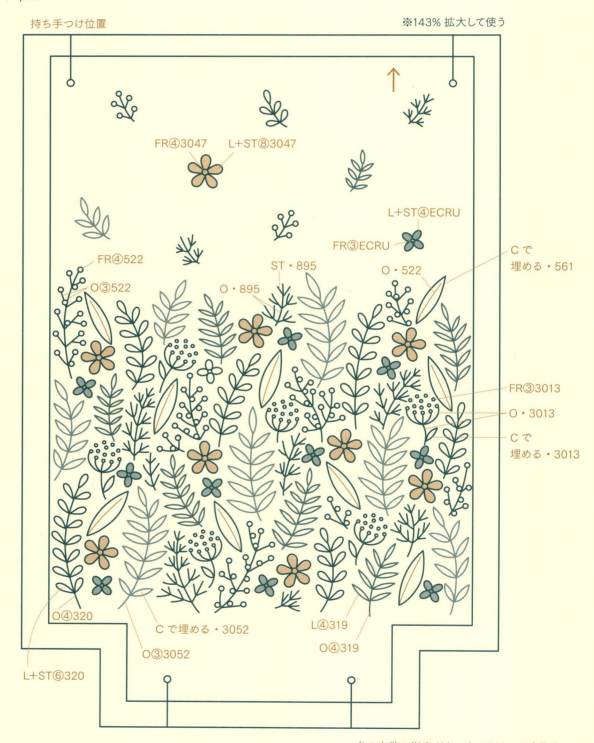

83

light blue

ガゼット巾着

| 作品　▶ p.24
| 作り方　▶ p.63

◎使用する糸番号
597 / 3865

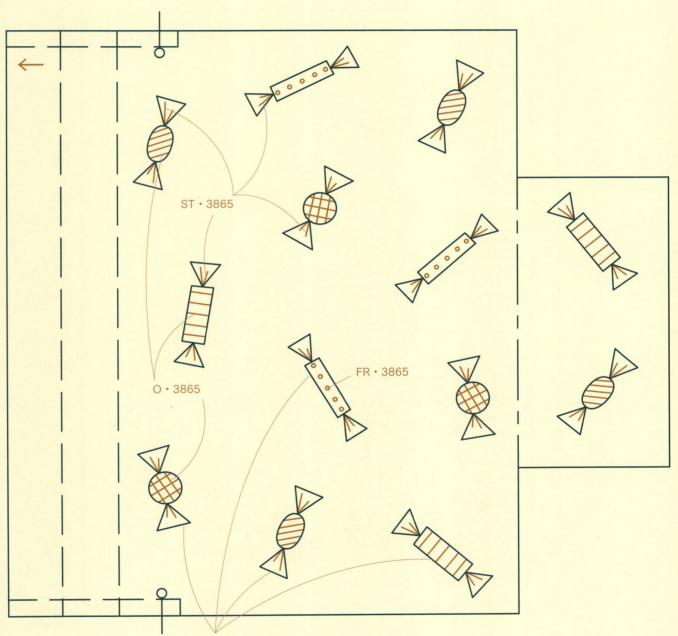

糸の本数の指定がないところは、2本取り

フラット巾着

light blue

作品	▶ p.25
作り方	▶ p.62-63

◎使用する糸番号
436 / 437 / 562 / 739 / 747 / 989 / 3031 / 3766 / 3831 / 3865

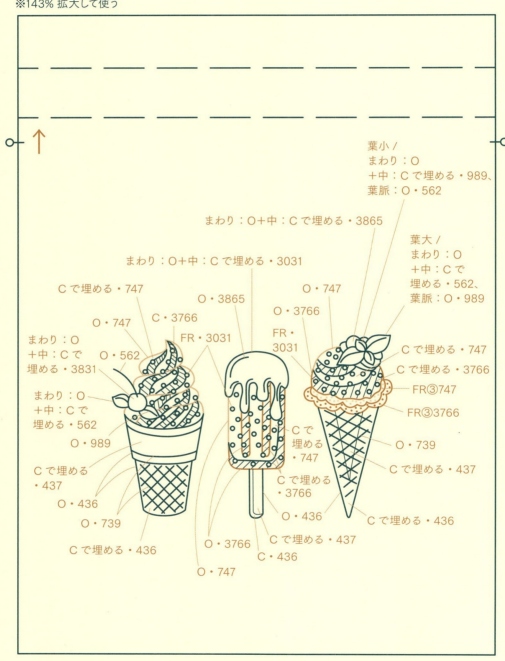

糸の本数の指定がないところは、2本取り

blue
ブルーリボン

| 作品 ▶ p.26

◎使用する糸番号
311 / 312 / 334 / 518 / 813 / 826 / 3325 /
3752 / 3760 / 3765 / 3841 / 3842 / 3865

糸の本数の指定がないところは、2本取り

blue インディゴブルーの装い

◎使用する糸番号
311 / 312 / 334 / 517 / 825 / 842 / 932 / 3325 / 3750 / 3755 / 3841 / 3863 / 3865 / 3866

作品 ▶ p.27

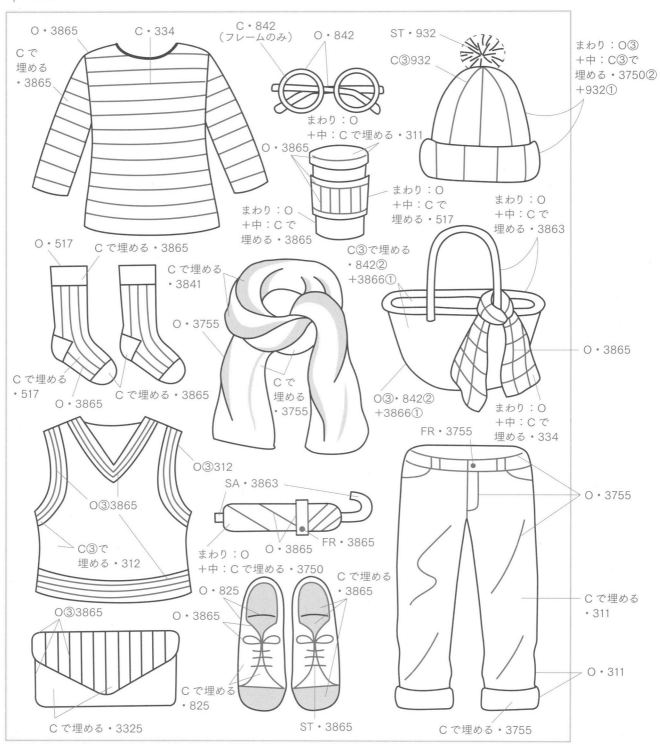

糸の本数の指定がないところは、2本取り

blue

眠れぬ森の小鳥

| 作品 ▶ p.28

◎使用する糸番号
336 / 3865

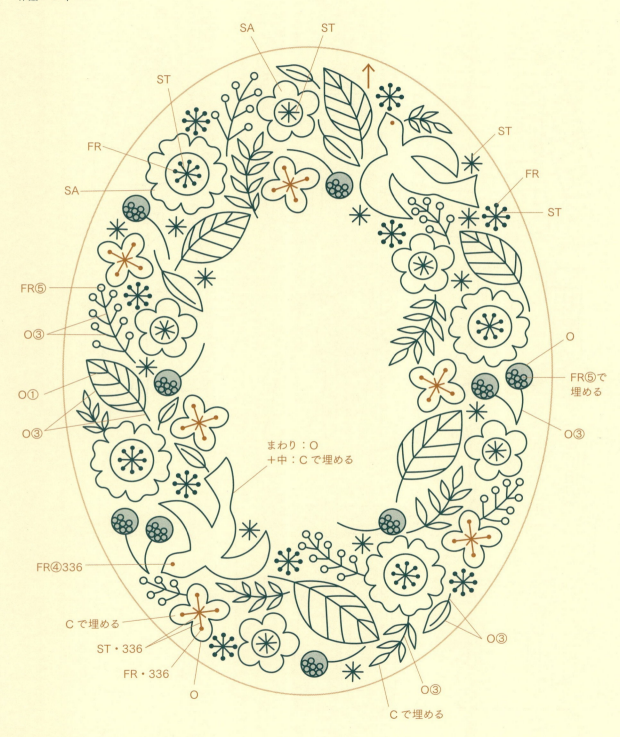

糸番号の指示がないところはすべて、3865
糸の本数の指定がないところは、2本取り

blue

手提げバッグ

| 作品 ▶ p.29
| 作り方 ▶ p.60-61

◎使用する糸番号
3842

糸番号はすべて、3842
糸の本数の指定がないところは、2本取り

light pink
桜色の初恋

作品 ▶ p.30

◎使用する糸番号
761

※143% 拡大して使う

糸番号はすべて、761
糸の本数の指定がないところは、2本取り

light pink

レターポーチ

作品 ▶ p.31
作り方 ▶ p.122-123

◎使用する糸番号
3865

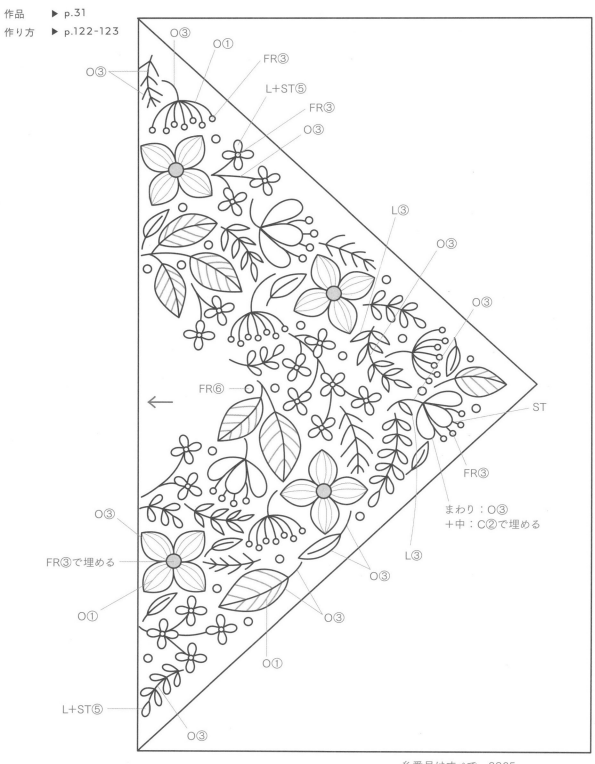

糸番号はすべて、3865
糸の本数の指定がないところは、2本取り

light pink
イチゴビュッフェ

| 作品 ▶ p.33

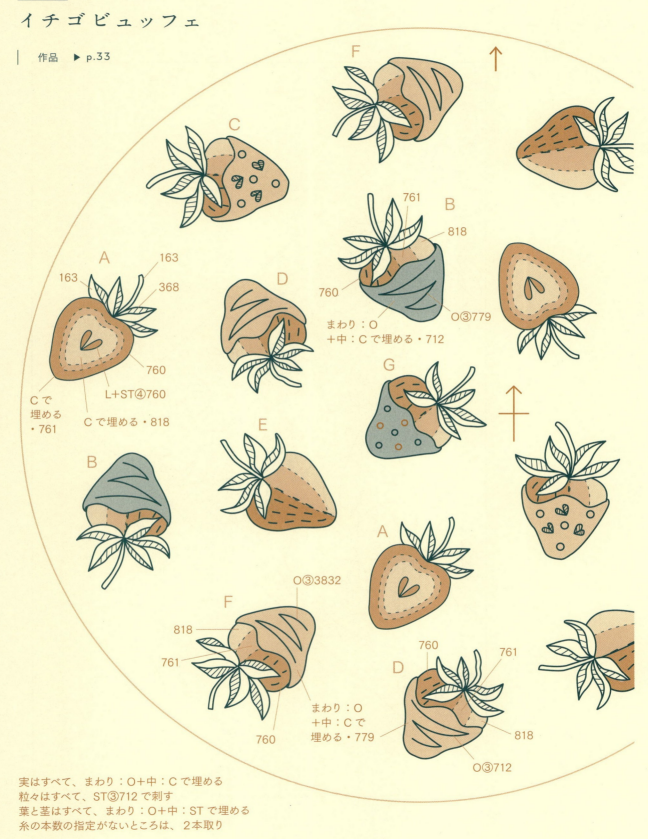

実はすべて、まわり：O＋中：Cで埋める
粒々はすべて、ST③712で刺す
葉と茎はすべて、まわり：O＋中：STで埋める
糸の本数の指定がないところは、2本取り

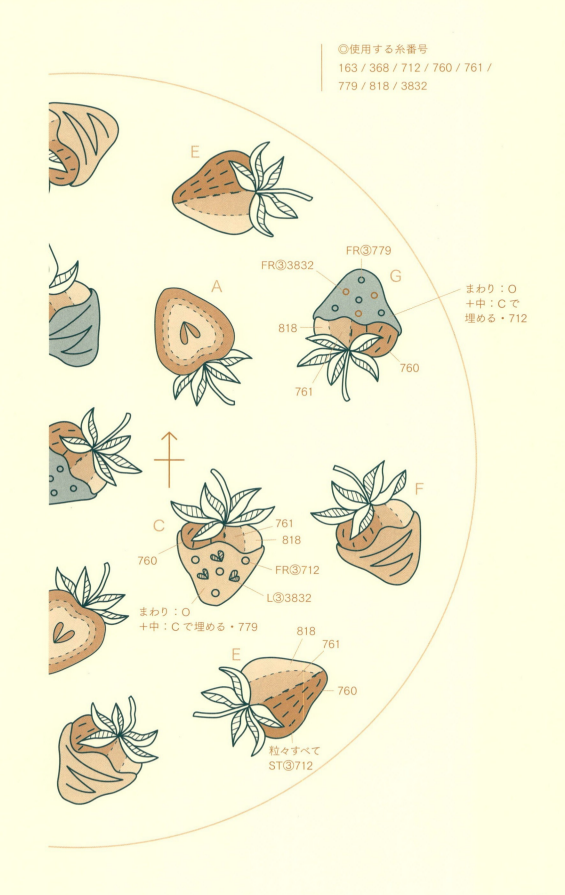

light pink
虹色カップケーキ

| 作品 ▶ p.32

◎使用する糸番号
05 / 309 / 434 / 437 / 451 / 561 / 760 /
761 / 819 / 3713 / 3832 / 3860 / 3861

スポンジとカップ部分、ステッチの指定がないところはすべて、まわり：O＋中：Cで埋める
糸の本数の指定がないところは、2本取り

pink
薔薇色ウエディング

作品 ▶ p.35

◎使用する糸番号
07 / 224 / 225 / 453 / 760 / 761 / 822 / 3712 / 3811 / 3865

糸の本数の指定がないところは、2本取り

95

pink
珊瑚色の渡り鳥

| 作品 ▶ p.34

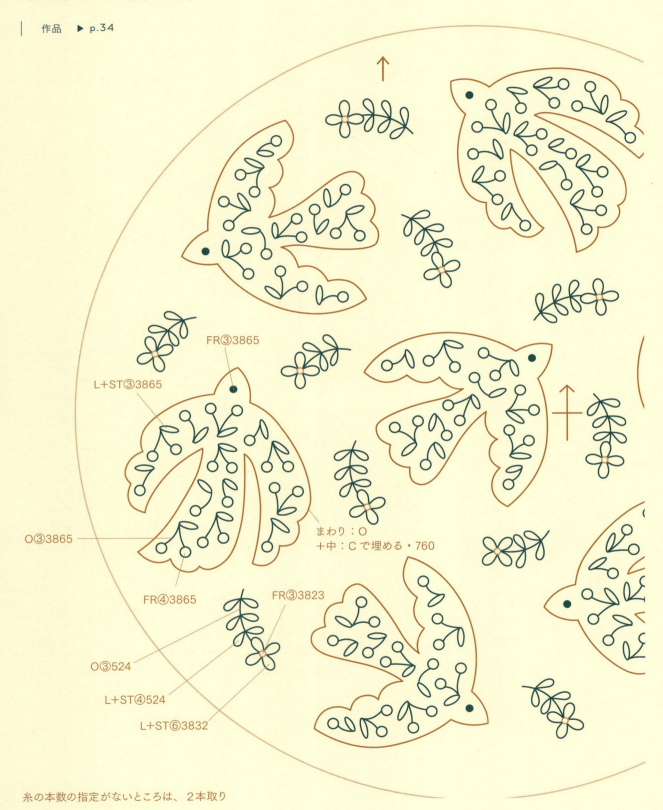

糸の本数の指定がないところは、2本取り

◎使用する糸番号
524 / 760 /
3823 / 3832 / 3865

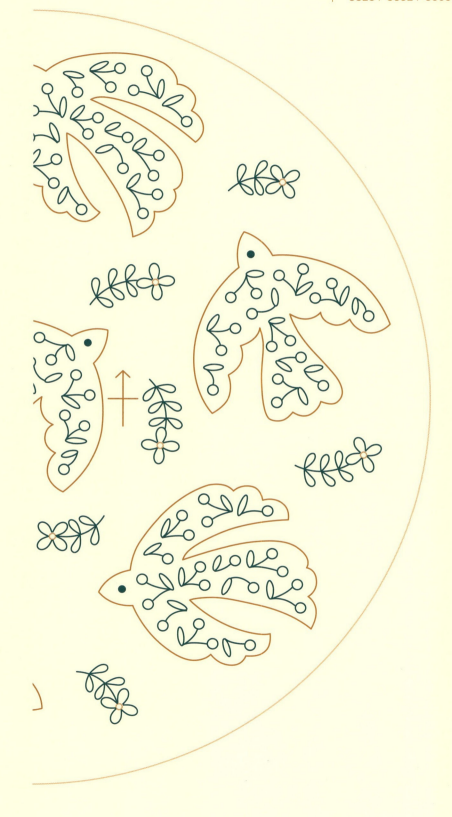

brown

りすの宝もの

作品 ▶ p.36

◎使用する糸番号
300 / 400 / 433 / 434 / 436 / 738 /
780 / 839 / 975 / 3033 / 3828

※139% 拡大して使う

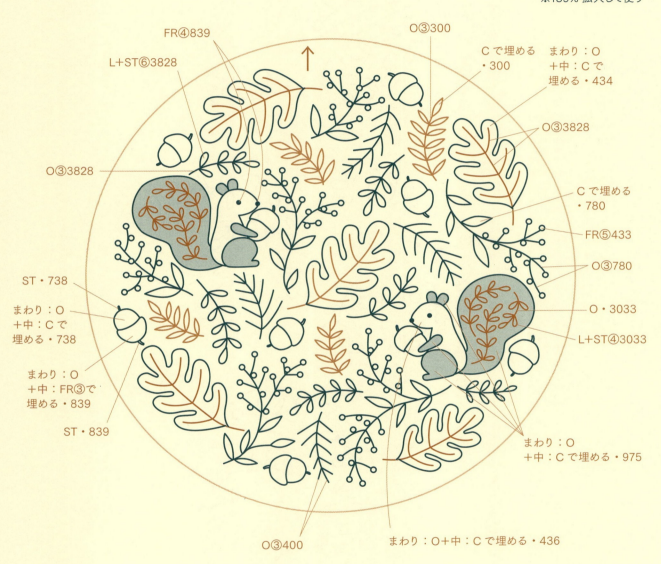

糸の本数の指定がないところは、2本取り

brown

フラットポーチ

| 作品 ▶ p.37
| 作り方 ▶ p.122-123

◎使用する糸番号
05 / 06 / 07 / 09 / 451 / 453 /
779 / 838 / 3860 / 3861 / 3866

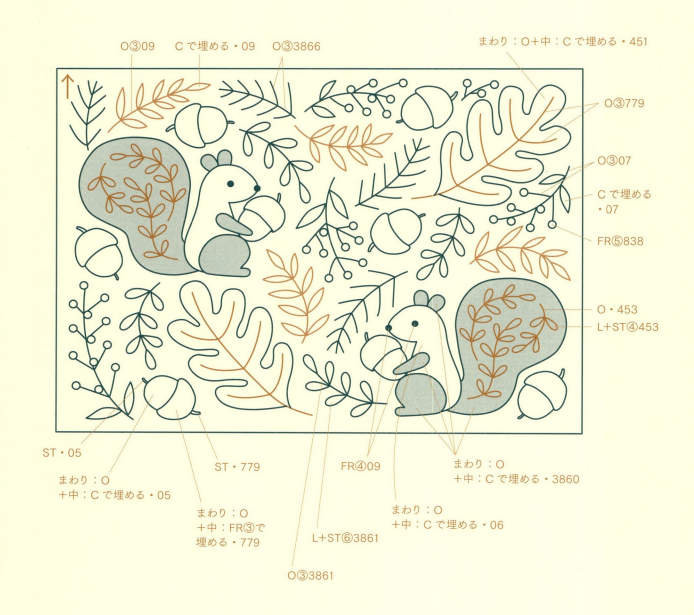

糸の本数の指定がないところは、2本取り

brown

チョコレート色の森

| 作品 ▶ p.38

◎使用する糸番号
ECRU

糸番号はすべて、ECRU
糸の本数の指定がないところは、2本取り

 の部分はすべて、まわり：O＋中：Cで埋める

brown

カップホルダー

| 作品 ▶ p.39
| 作り方 ▶ p.122

◎使用する糸番号
838

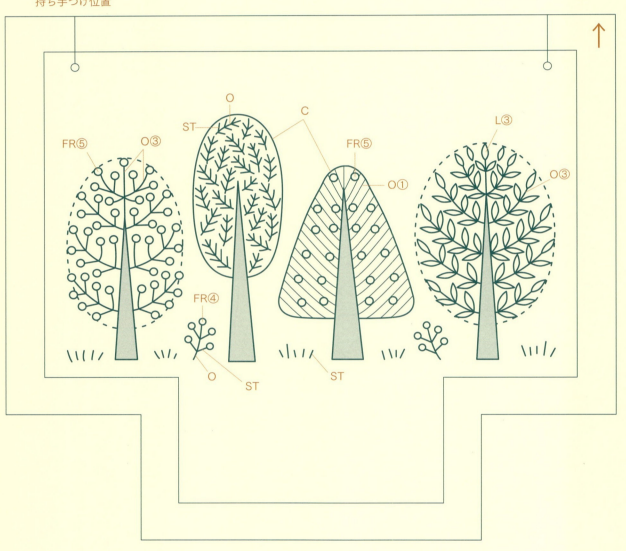

▲ の部分はすべて、まわり：O＋中：Cで埋める

糸番号はすべて、838
糸の本数の指定がないところは、2本取り

white
練色の花園

作品 ▶ p.40

◎使用する糸番号
ECO VITA 001 / 3866

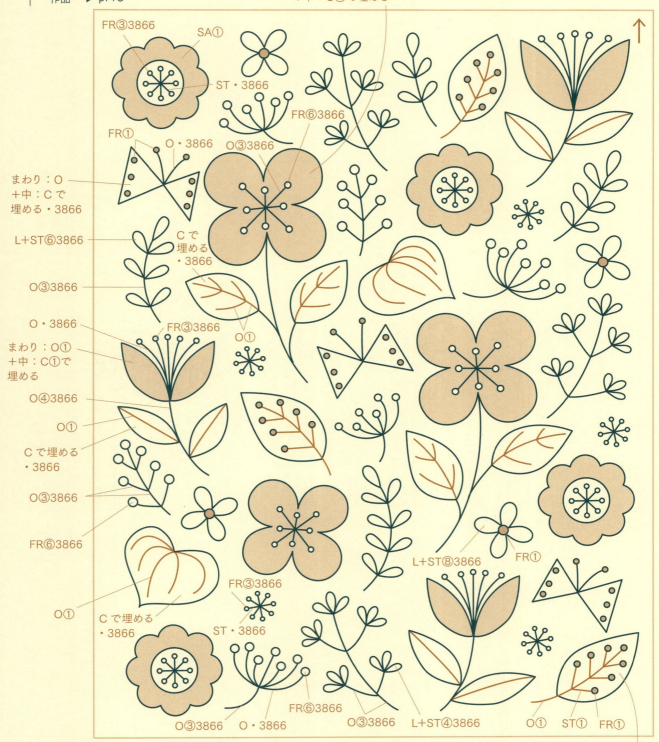

茶色の線と塗りつぶし部分は、ウール刺しゅう糸「ECO VITA 001」1本取り
緑色の線は25番糸・3866。糸の本数の指定がないところは、2本取り

white
雪色うさぎ

| 作品 ▶ p.41

◎使用する糸番号
3865

糸番号はすべて、3865
糸の本数の指定がないところは、2本取り

white

ミニポーチ

作品 ▶ p.42
作り方 ▶ p.122-123

◎使用する糸番号
3865

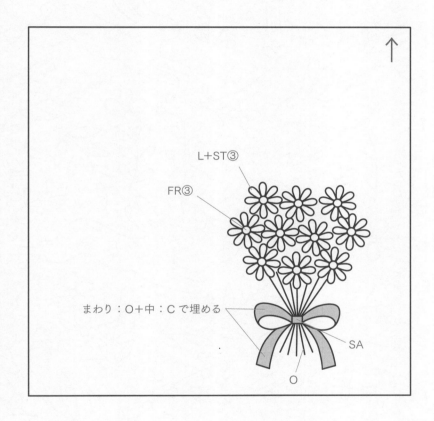

糸番号はすべて、3865
糸の本数の指定がないところは、2本取り

gray

錫色のヴィレッジ

作品 ▶ p.44

まわり：O＋中：FRで埋める

◎使用する糸番号
04 / 3865

糸番号の指示がないところはすべて、04
淡い緑色の塗りつぶし部分はすべて、まわり：O＋中：Cで埋める

ステッチの指定がないところはすべて、Oで刺す
糸の本数の指定がないところは、2本取り

gray

ペンケース

作品 ▶ p.45
作り方 ▶ p.122-124

◎使用する糸番号
ECO VITA 003 / 03 / 168 / 169 / 310 / 3865

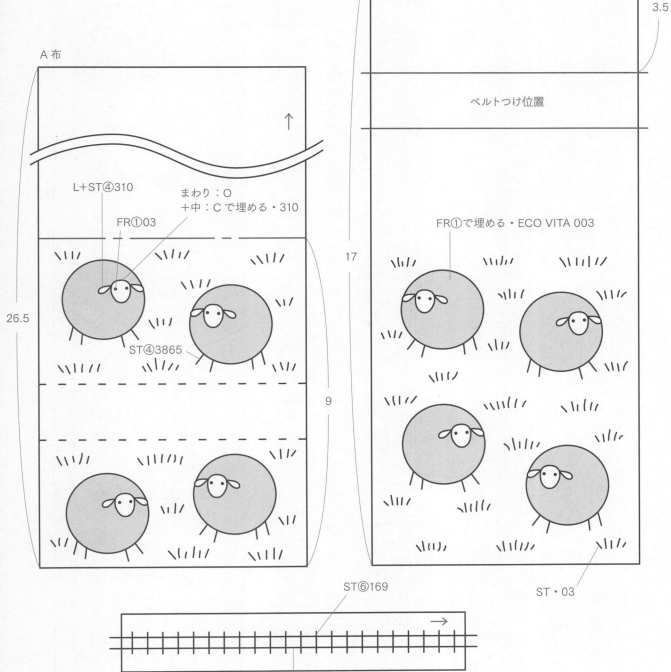

糸の本数の指定がないところは、2本取り

gray

藍鼠色のキッチン

| 作品 ▶ p.46

◎使用する糸番号
03 / 04 / 168 / 169 / 317 / 414 / 645 / 646 / 648 / 3799 / 3865

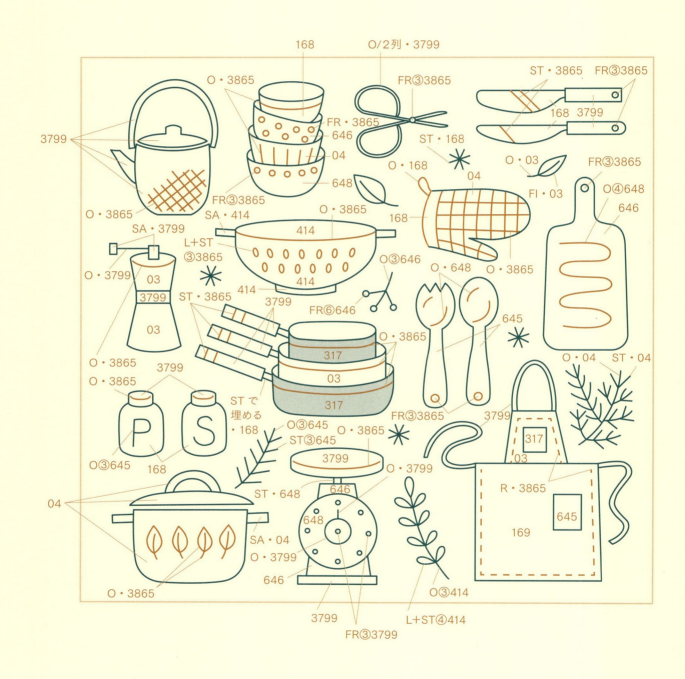

ステッチの指定がないところはすべて、まわり：O+中：C で埋める
糸の本数の指定がないところは、2本取り

gray

ミニフレーム

| 作品 ▶ p.47
| 作り方 ▶ p.125

◎使用する糸番号
01 / 02 / 03 / 04 / 168 / 317 /
414 / 453 / 535 / 3865

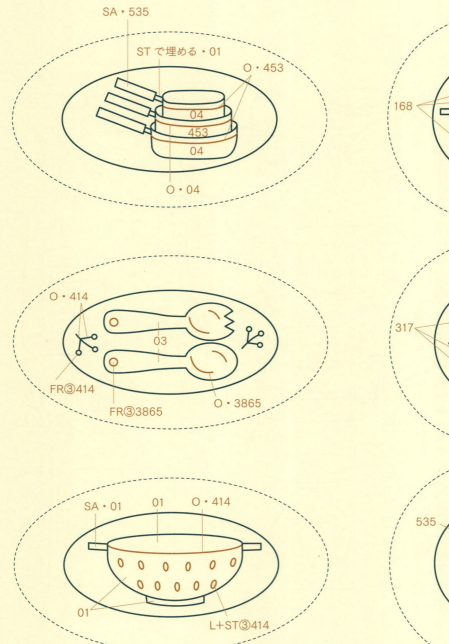
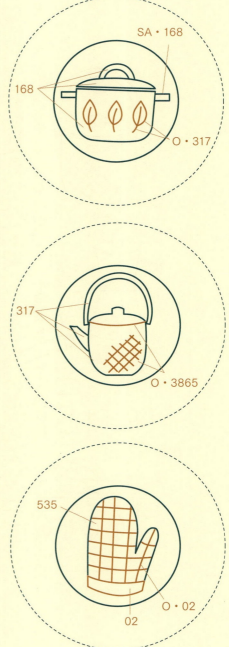

ステッチの指定がないところはすべて、まわり：O+中：Cで埋める
糸の本数の指定がないところは、2本取り

black
風薫る漆黒の時間

| 作品 ▶ p.48

◎使用する糸番号
310

※143% 拡大して使う

糸番号はすべて、310
糸の本数の指定がないところは、2本取り

black
眼鏡ケース

| 作品 ▶ p.49
| 作り方 ▶ p.126

◎使用する糸番号
3866

糸番号はすべて、3866
糸の本数の指定がないところは、2本取り

black 黒猫の輪舞

作品 ▶ p.50

◎使用する糸番号
310 / 3865

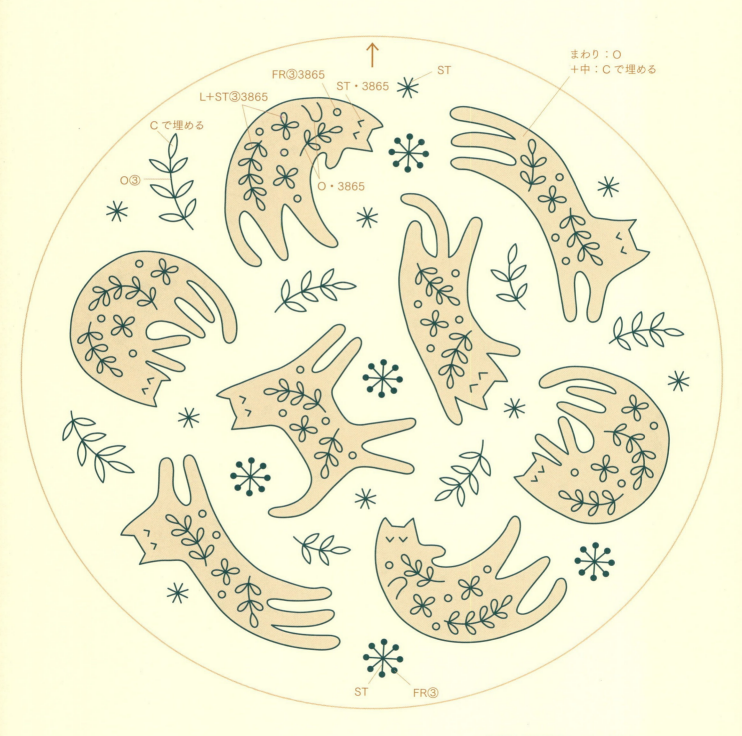

糸番号の指示がないところはすべて、310
糸の本数の指定がないところは、2本取り

black

つぐみの冬支度

| 作品　▶ p.51

◎使用する糸番号
22 / 310 / 453

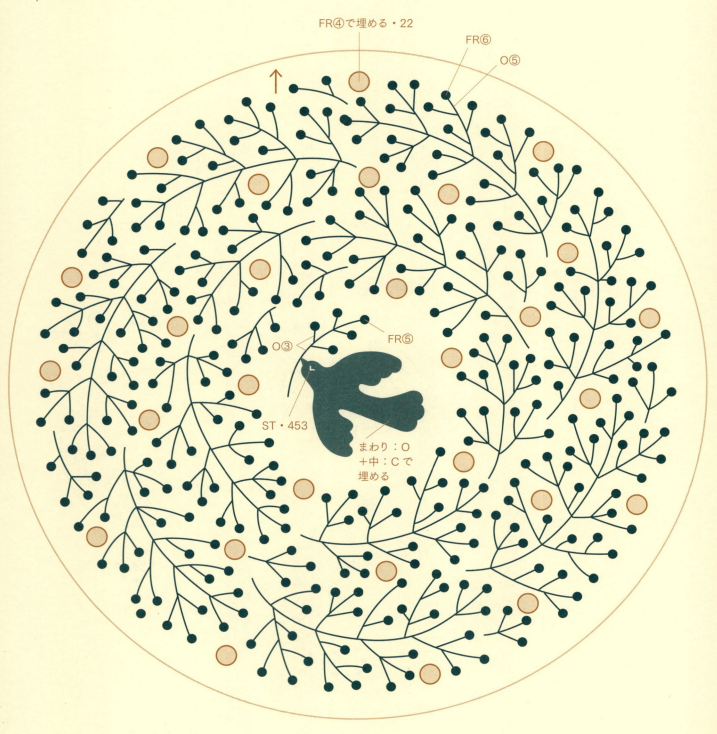

糸番号の指示がないところはすべて、310
糸の本数の指定がないところは、2本取り

mixed color カラフル百花園

| 作品 ▶ p.52

◎使用する糸番号
153 / 309 / 320 / 335 / 353 / 367 / 554 / 745 / 760 /
828 / 989 / 3053 / 3348 / 3833 / 3864

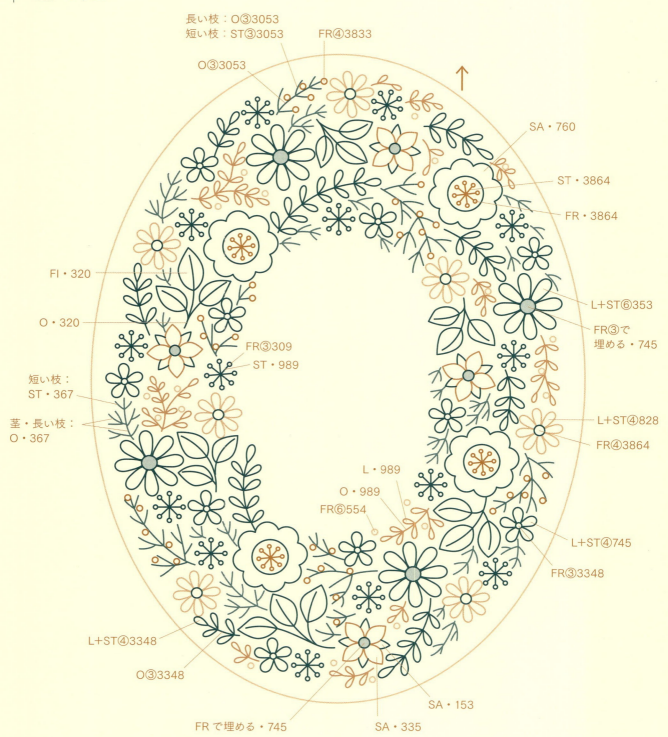

糸の本数の指定がないところは、2本取り

mixed color

ヘアアクセサリー

| 作品 | ▶ p.53 |
| 作り方 | ▶ p.127 |

◎使用する糸番号
153 / 309 / 320 / 335 / 353 / 367 / 554 /
745 / 760 / 989 / 3053 / 3348 / 3833 / 3864

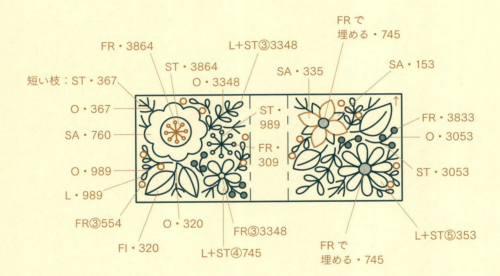

糸の本数の指定がないところは、2本取り

mixed color

ギフトフォーユー

| 作品 ▶ p.54

◎使用する糸番号
309 / 472 / 518 / 562 / 744 / 761 /
840 / 3811 / 3823 / 3833 / 3865

FR③309
O・309
O③3811
O・840
FR④で埋める・3865
ST・309
O③472
SA・744
744
761
O・3823
3811
518
744
744
O④472
FR⑥
761
O・309 309 3833
3823
FR③3833
FR⑥で埋める・3833
O③761
309
744
472
O③3811
O・3833
FR③3865
FR⑥で埋める・562
O③761
518
SA・3833
O・3811
3811
O④3823
472
518
761
518
O・840
FR④で埋める・3865
744
562
744
SA・472
562
FR⑥
3865
562
O⑥309
O③
761
309
SA・761
744
3811
3823
562
3833
O・840
3823
562
309
472
O③3811 309
O・761
3823
O・840 3865
O・472

FR③562
FR④3865

ステッチの指定がないところはすべて、まわり：O+中：Cで埋める
糸の本数の指定がないところは、2本取り

117

mixed color
ありがとう

| 作品 ▶ p.55

◎使用する糸番号
309 / 351 / 518 / 744 / 760 / 840 /
966 / 992 / 3750 / 3811 / 3854

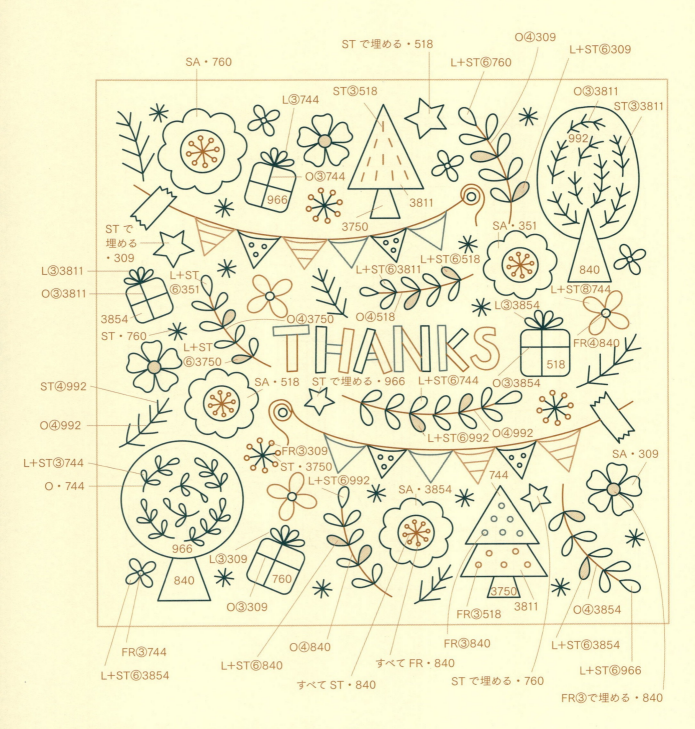

ステッチの指定がないところはすべて、まわり：O＋中：C で埋める
糸の本数の指定がないところは、2本取り

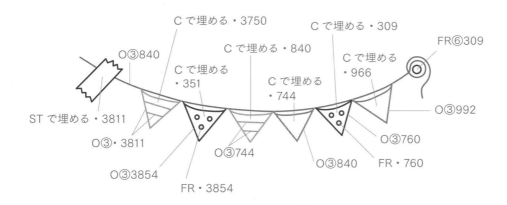

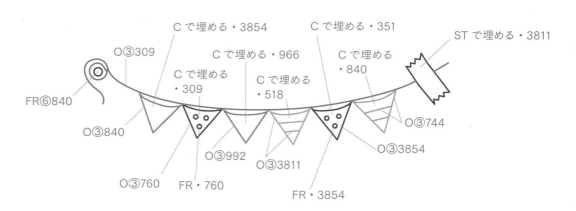

各作品の作り方

スクエア小物ケース
red

| 作品 … p.11
| 図案・型紙 … p.69
| 仕上がりサイズ … 縦8 × 横13 × マチ13cm

材料

表布／リネン（ベージュ）… 縦40 × 横70cm
接着芯（薄地用）… 縦25 × 横75cm

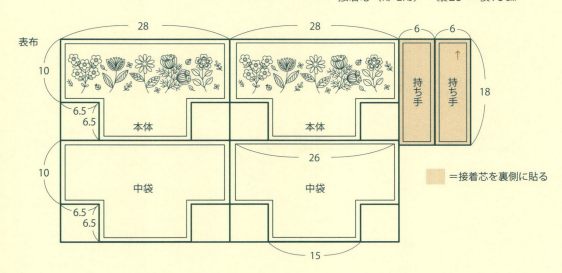

■ ＝接着芯を裏側に貼る

作り方

1. 各パーツを指定のサイズで裁つ。

2. 持ち手を作る。

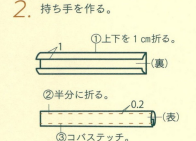

3. 底と脇を縫う。

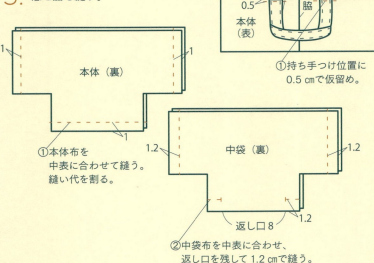

4. マチを縫う。

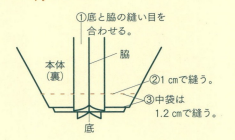

5. 持ち手を仮留めする。

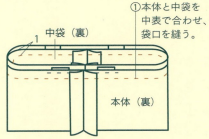

6. 袋口を1周縫い合わせる。

7. 表に返し、返し口を閉じる。

8. 袋口にステッチをかける。

レジ袋ストッカー

green

作品 … p.23	図案・型紙 … p.83
仕上がりサイズ … 縦22 × 横10 × マチ6cm	

材料

表布／リネン（緑）… 縦40 × 横50cm
裏布／シーチング（生成り）… 縦30 × 横45cm
接着芯（薄地用）… 縦35 × 横50cm
9mm伸び止めテープ … 15cm × 2本
1cmマグネットホック（縫いつけ）… 1組

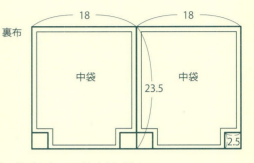

＝接着芯、伸び止めテープを裏側に貼る

作り方

1. 各パーツを指定のサイズで裁つ。

2. 持ち手を作る。

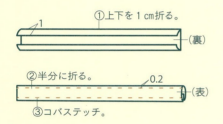

①上下を1cm折る。
②半分に折る。
③コバステッチ。

3. 見返しと中袋を縫い合わせる。

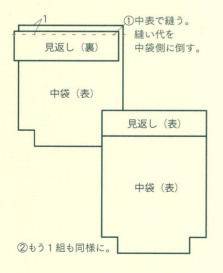

①中表で縫う。縫い代を中袋側に倒す。
②もう1組も同様に。

4. 底と脇を縫い、マチを縫う。

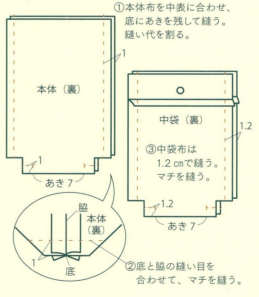

①本体布を中表に合わせ、底にあきを残して縫う。縫い代を割る。
③中袋布は1.2cmで縫う。マチを縫う。
②底と脇の縫い目を合わせて、マチを縫う。

5. 持ち手を仮留めする。

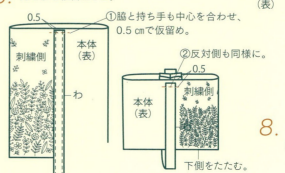

①脇と持ち手も中心を合わせ、0.5cmで仮留め。
②反対側も同様に。
下側をたたむ。

6. 本体と見返しの口を1周縫い合わせる。

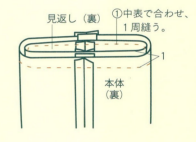

①中表で合わせ、1周縫う。

7. 表に返し、あき口を作る。

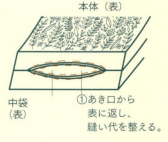

①あき口から表に返し、縫い代を整える。
②本体と中袋の縫い代を合わせ、コの字閉じであき口を作る。

8. マグネットホックつけ位置に縫いつける。

ケース、ストッカーの応用で
カップホルダー
brown

| 作品 … p.39
| 図案・型紙 … p.101
| 仕上がりサイズ … 縦9 × 横7 × マチ7cm

材料

表布／リネン（ベージュ）… 縦40 × 横45cm
接着芯（薄地用）… 縦40 × 横45cm

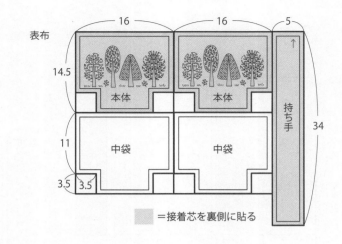

作り方　※基本の作り方はp.120-121を参考に。

1. 各パーツを指定のサイズで裁つ（本体の接着芯はカットしない）。

2. 持ち手を作る。

3. 底と脇を縫い、マチを縫う。

4. 本体に持ち手を仮留めする。

5. 袋口を1周縫い合わせる。

6. 表に返し、返し口をまつり縫いで縫い閉じる。

ポーチ　　ペンケース
light pink / brown / white　　gray

| 作品 … p.31、37、42、45
| 図案・型紙 … p.91、99、104、108
| 仕上がりサイズ … 淡ピンク：縦12 × 横20cm、
| 茶色：縦10 × 横14cm、
| 白：縦10 × 横8cm、
| グレー：縦17.5 × 横7cm

材料

light pink
表布／リネン（ピンク）… 縦40 × 横50cm
接着芯（薄地用）… 縦20 × 横30cm
9mm幅伸び止めテープ … 25cm × 2本

brown
表布／リネン（淡茶色）… 縦40 × 横40cm
接着芯（薄地用）… 縦20 × 横20cm
9mm幅伸び止めテープ … 20cm × 2本

white
表布／リネン（生成り）… 縦40 × 横25cm
接着芯（薄地用）… 縦15 × 横15cm
9mm幅伸び止めテープ … 15cm × 2本

gray
表布／リネン（濃グレー）… 縦50 × 横30cm
接着芯（薄地用）… 縦15 × 横25cm
9mm幅伸び止めテープ … 12cm × 2本

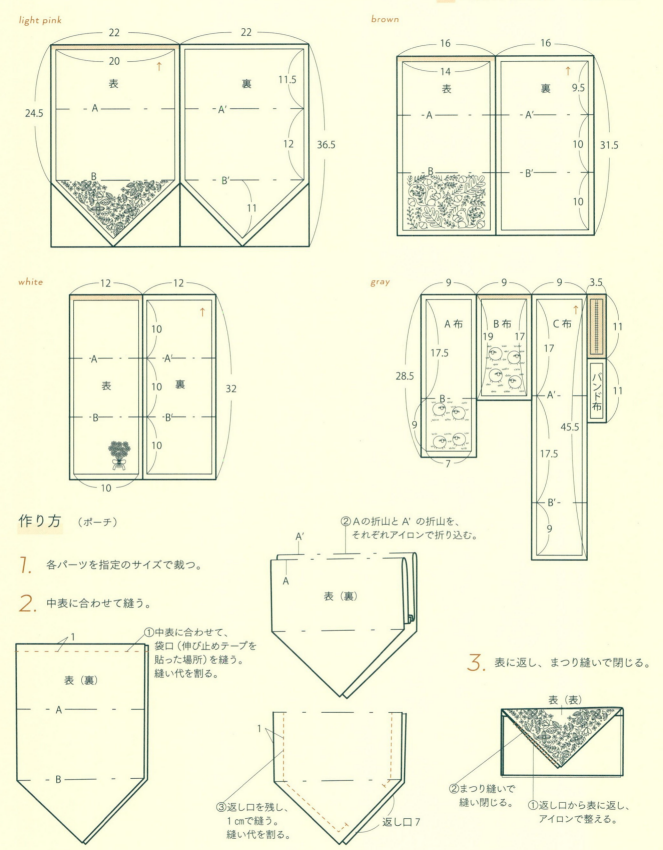

作り方 （ペンケース）

1. 各パーツを指定のサイズで裁つ。

2. バンド布を作る。

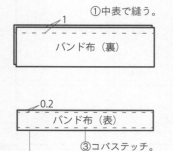

3. 外布を作る。

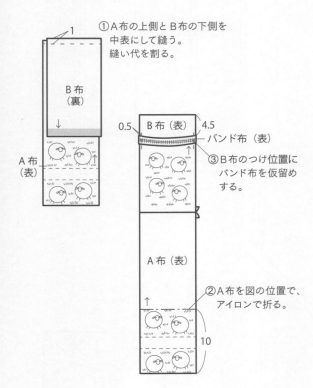

4. 中表に合わせて縫う。

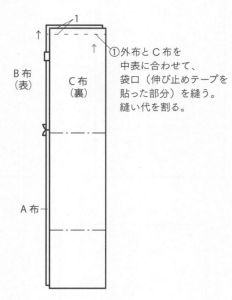

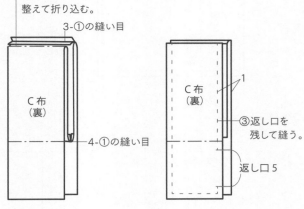

5. 表に返し、まつり縫いで閉じる。

ミニフレーム
gray

作品 … p.47
図案・型紙 … p.110
仕上がりサイズ … 楕円：縦3 × 横5.7㎝、円：直径3.3㎝

材料（6個分）

表布／リネン（グレー）… 縦25 × 横20㎝
接着芯（薄地用）… 縦25 × 横20㎝
ミニ刺繍枠／楕円（縦3 × 横6㎝）、円（直径4㎝）… 各3個
木工用接着剤

表布

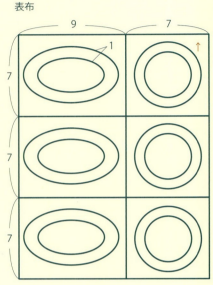

作り方

1. 各パーツを指定のサイズで裁つ。

2. ミニ刺繍枠の芯板をくるむ。

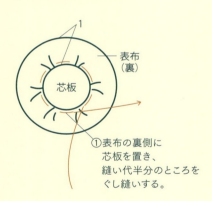

①表布の裏側に芯板を置き、縫い代半分のところをぐし縫いする。

②糸を引き絞って芯をくるむ。

3. 枠にはめる。

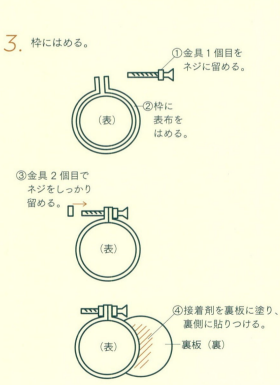

①金具1個目をネジに留める。
②枠に表布をはめる。
③金具2個目でネジをしっかり留める。
④接着剤を裏板に塗り、裏側に貼りつける。
裏板（裏）

＊ミニフレームは、ネックレスやブローチなどのアクセサリー金具やマグネットテープなどを貼りつけても使えます。

眼鏡ケース
black

作品 … p.49
図案・型紙 … p.112
仕上がりサイズ … 縦18.5 × 横7.5㎝

材料

表布／リネン（黒）… 縦30 × 横25㎝
裏布／シーチング（生成り）… 縦25 × 横25㎝
接着芯（薄地用）… 縦30 × 横15㎝
キルト芯 … 縦30 × 横25㎝

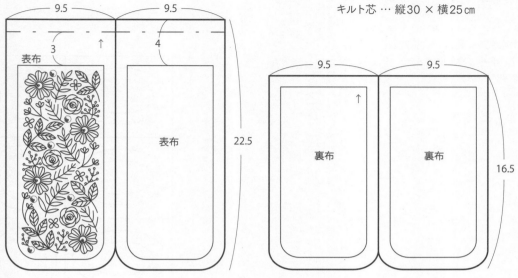

作り方

1. 各パーツを指定のサイズで裁つ。
2. 表布の裏側にキルト芯を貼る。
3. 表布と裏布を縫い合わせる。
4. 表に返し、返し口をコバステッチで閉じる。
5. 袋口をアイロンで整える。

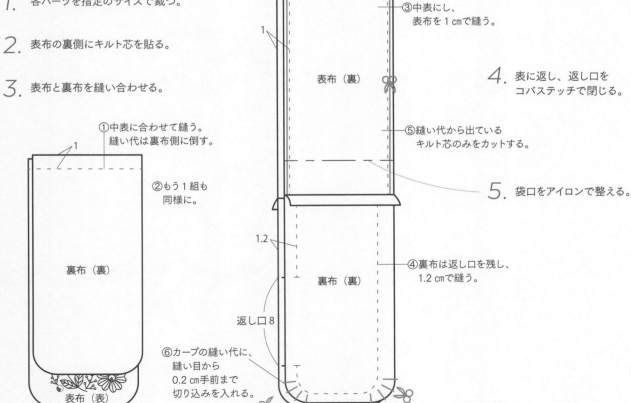

ヘアアクセサリー
mixed color

| 作品 … p.53
| 図案・型紙 … p.116
| 仕上がりサイズ … 縦3 × 横7 cm

材料（1個分）

表布／リネン（白）… 縦15 × 横20 cm
接着芯（薄地用）… 縦10 × 横10 cm
4.5 cmヘアクリップ（貼りつけ）… 1個
金属用接着剤

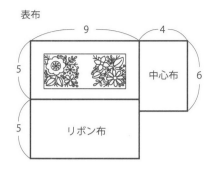

作り方

1. 各パーツを指定のサイズで裁つ。

2. 中心布を作る。

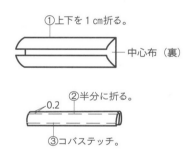

3. リボン布を縫い合わせる。

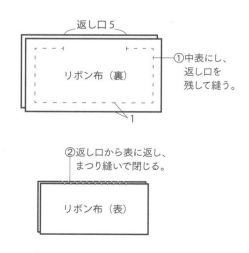

4. 中心布を縫い留める。

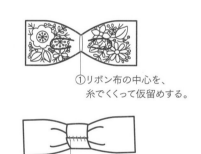

5. ヘアクリップに貼りつける。

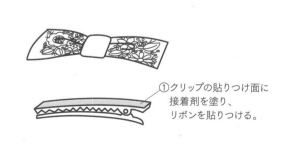

yula

刺繍作家。
服飾専門学校卒業後、アパレルメーカーでデザイナーとして勤務。結婚後、刺繍や裁縫、編み物などの趣味が高じて、幅広い制作活動を始める。2016年からインスタグラムで、オリジナル刺繍を発信。鮮やかで独特の色使いに人気が集まる。著書に『yulaのリース 植物刺繍と過ごす12か月』(KADOKAWA)ほか。
インスタグラムアカウント：yula_handmade_2008

yula（ゆら）のカラーブック
暮らしを彩る14色の刺繍物語

2024年12月5日　初版発行

著者　yula（ゆら）

発行者　山下 直久
発行　株式会社KADOKAWA
　　　〒102-8177　東京都千代田区富士見2-13-3
　　　電話 0570-002-301（ナビダイヤル）

印刷所　大日本印刷株式会社
製本所　大日本印刷株式会社

本書の無断複製（コピー、スキャン、デジタル化等）並びに
無断複製物の譲渡および配信は、著作権法上での例外を除き禁じられています。
また、本書を代行業者等の第三者に依頼して複製する行為は、
たとえ個人や家庭内での利用であっても一切認められておりません。

●お問い合わせ
　https://www.kadokawa.co.jp/（「お問い合わせ」へお進みください）
　※内容によっては、お答えできない場合があります。
　※サポートは日本国内のみとさせていただきます。
　※Japanese text only

定価はカバーに表示してあります。
©yula 2024　Printed in Japan
ISBN 978-4-04-897687-9　C0077